宏观经济及金融风险预测研究

王 丹 著

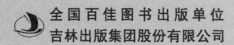

全国百佳图书出版单位

吉林出版集团股份有限公司

图书在版编目（CIP）数据

宏观经济及金融风险预测研究 / 王丹著. -- 长春：
吉林出版集团股份有限公司, 2022.9
ISBN 978-7-5731-2180-6

Ⅰ.①宏… Ⅱ.①王… Ⅲ.①中国经济—宏观经济—
金融风险防范—研究②金融风险防范—研究—中国 Ⅳ.
①F123.16②F832.1

中国版本图书馆CIP数据核字(2022)第176421号

HONGGUAN JINGJI JI JINRONG FENGXIAN YUCE YANJIU

宏观经济及金融风险预测研究

著　　者：王　丹
责任编辑：孙琳琳
封面设计：筱　英
开　　本：787mm×1092mm　1/16
字　　数：245千字
印　　张：10.75
版　　次：2022年9月第1版
印　　次：2022年9月第1次印刷

出　　版：吉林出版集团股份有限公司
发　　行：吉林出版集团外语教育有限公司
地　　址：长春市福祉大路5788号龙腾国际大厦B座7层
电　　话：总编办：0431-81629929
印　　刷：吉林省创美堂印刷有限公司

ISBN 978-7-5731-2180-6　　　　　　定　　价：64.00元

前　言

　　宏观经济指总量经济活动，是指整个国民经济或国民经济总体及其经济活动和运行状态，如总供给与总需求；国民经济的总值及其增长速度；国民经济中的主要比例关系；物价的总水平；劳动就业的总水平与失业率；货币发行的总规模与增长速度；进出口贸易的总规模及其变动等。金融领域是竞争最激烈的领域之一，其风险程度之高，令人望而生畏，但金融领域的利益是与风险成正比的。因此，如何在降低风险的情况下从金融领域中攫取利益是众人不懈追求的目标。另外，对金融环境进行分析探索不仅有助于规避金融风险，还有利于完善金融领域的制度和法律，对国家的稳定和经济增长有深刻和长远的意义。

　　宏观经济冲击是金融体系不稳定并导致系统性金融风险积聚和爆发的重要诱因。充分考虑宏观经济冲击对系统性金融风险的影响，可以稳定金融市场，从而促进国家经济发展，因此，研究宏观经济及金融风险预测具有重要的现实意义。本书从宏观经济和金融风险的概念入手，展开介绍宏观经济与金融风险的关系以及宏观经济下的金融风险预测及经济预测，并在最后用现实例子来介绍金融风险预测的应用。全书充分体现了科学性、发展性、实用性、针对性等显著特点，希望其能够成为一本为相关研究提供参考和借鉴的专业学术著作，供读者阅读。

　　本书在撰写过程中，曾参考和借鉴了国内外许多同仁的作品，在此表示衷心的感谢，由于出版仓促和编写水平所限，书中不免存在某些纰漏，衷心希望广大读者和专家能够提出宝贵意见和建议。

目　　录

第一章　宏观经济的相关概述

第一节　宏观经济的研究对象和内容

一、宏观经济学的研究对象

自从 20 世纪 30 年代西方资本主义世界发生经济危机以来，经济的周期性波动就成了西方经济发展的不可避免的问题。因此，经济的周期性波动就成为经济学家研究的主要问题，并成为政府宏观调控的主要目标。宏观经济学是以整个国民经济为考察对象，研究社会总体经济问题以及相应的经济变量的总量是如何决定的及它们之间的相互关系。所以，宏观经济运行中的总产出、总支出、通货膨胀、失业等，都成为宏观经济学研究的重要对象。

从宏观经济运行的基本目标来看，宏观经济学主要通过对总体经济问题和经济总量的研究，来分析国民经济中的几个基本问题：一是已经配置到各个经济部门的经济资源总量的使用情况如何，以及由这些资源所决定的一国总产出或就业量；二是商品市场和货币市场的供求关系如何决定一国的国民收入水平和一般物价水平；三是国民收入水平和一般物价水平的变动与经济周期和经济增长的相互关系。所以，宏观经济学实际上研究的就是一国经济资源的使用状况对总体国民经济的影响如何，通过哪些手段、运用什么方法来改善经济资源的利用，从而实现潜在的国民收入和经济的稳定增长。[①]概括来说，宏观经济学研究的是经济资源的利用问题。

从研究的具体问题来看，宏观经济学的研究对象主要有以下四个方面：

（一）总产出

宏观经济学既然以整个国民经济活动作为研究对象，那么它必然要分析与整个国民经济活动有关的最基本的经济总量：国内生产总值、国内生产净值、国民收入及相应经济总量的决定与变动情况。宏观经济学的核心问题就是总产出或国民收入水平，要从总供给和总需求的角度出发，分析国民收入的决定及其变动规律，在此基础上来研究和解

---

① 钱宗鑫 . 宏观经济与金融市场互动研究［M］. 北京：中国财政经济出版社，2020.

决经济运行中的其他问题。

（二）通货膨胀

通货膨胀是在一定时间内，一般物价水平持续上涨现象。宏观经济学中研究的价格水平是一国物价的总体水平。在计划经济体制下，我国物价水平是固定在一定的水平上，即使供不应求的情况下也是不变的，这时所造成的物价上涨表现为抑制性通货膨胀。改革开放后，物价在供求关系的影响下出现了几次迅猛的上涨，20世纪90年代初通货膨胀率高达21%，到20世纪90年代中期得到抑制，但21世纪初以来价格水平上涨又开始显现。从世界范围看，20世纪70年代的美国，20世纪80年代的拉美诸国，转轨时期的（前）苏联和东欧各国，均经历过较高的通货膨胀率。那么，物价水平为何会经常变动？通货膨胀对经济运行的影响如何？因此，探讨通货膨胀的性质、种类和产生原因，并提出相应的对策是宏观经济学的主要任务。

（三）失业

失业是影响经济和社会发展的严重问题。传统经济学坚持市场运行是可以完全能均衡，但无法从根本上解释经济运行中的客观事实，凯恩斯（John Maynard Keynes）对经济大萧条的分析及其就业理论的产生颠覆了传统经济学。失业成为宏观经济学研究的主要问题，失业率也成为反映要素市场和整个经济运行状况的主要经济指标。因此，研究失业的性质、原因及解决方法成为宏观经济学的主要内容之一。[1]

（四）宏观经济政策

宏观经济理论是为政府干预经济提供理论依据的，而宏观经济政策是为干预提供具体措施的。宏观经济政策是对经济运行进行干预的手段和方法，目的是实现充分就业、物价稳定、经济增长和国际收支平衡等目标。宏观经济政策包括财政政策、货币政策、就业政策、收入政策以及各种经济政策的协调等。[2]

二、宏观经济学的研究方法

宏观经济学是一门内容极其复杂的学科，这主要是由于该学科仍然处于不断的发展变化之中，其理论内容还存在一定争议，同时还有一些新的分析方法和研究视角被引入该学科，从而形成了宏观经济学中的各个流派和表达方式。因此，宏观经济学的研究方法有其自身的特点，主要有以下几种方法：

---

① 陈守东、刘洋、孙彦林.系统性金融风险与金融稳定性计量研究［M］.北京：科学出版社，2018.
② 王虎邦.高质量发展下宏观杠杆率动态调整对经济增长的影响效应研究［M］.长春：吉林大学出版社，2020.

（一）总量分析

在宏观经济学的学习中，我们采取总量分析的方法，即从总体上考察个体的经济行为。在宏观经济学中，我们关心的不是一个家庭消费的是可口可乐，还是百事可乐；一个企业生产的是手机，还是电脑。我们感兴趣的是所有家庭的总体消费水平及企业总产量的变动情况。在分析问题时，我们需要把家庭和企业个别的选择行为进行加总，研究它们的总体选择，这就是总量分析。例如，我们想知道某个城市某个学校的升学率，这是微观经济学的分析方法。而如果要了解这个国家的升学状况，则必须把整个国家所有地区所有高等学校的升学率加总，这就是宏观经济学的分析方法。具体到宏观经济学的总量分析，就是对宏观经济运行总量指标及其影响因素、变动规律等进行的分析，如对国内生产总值、投资额、进出口额等进行分析。在进行总量分析时，要着重于大的经济趋势和动向，整体的经济反映和效果。

（二）均衡分析与非均衡分析

均衡分析是宏观经济学常用的方法，是指经济体系中变动着的各种力量处于平衡，以致这一体系内不存在变动要求的状态。这种均衡状态是一种所有重要经济变量都保持稳定不变的状况，即经济体系内各有关变量的变动都恰好相互抵消。它包括局部均衡和一般均衡。目前占主导地位的凯恩斯宏观经济学所采用的方法基本是均衡分析法。

但是，现实生活中常处于非均衡状态，非均衡分析认为经济现象及其变化的原因是多方面的、复杂的，不能单纯用有关变量之间的均衡与不均衡来解释，而主张以历史的、制度的、社会的因素等作为分析的基本方法。其实，非均衡分析是对均衡分析的一种深化和发展。

（三）规范分析与实证分析

在经济分析中，实证分析描述的是经济现象，避开价值判断，试图对经济行为进行客观的描述。实证分析完全以事实为基础，对宏观经济学进行分析和制定相应的宏观经济政策都十分重要。实证分析要求，一种理论或假说涉及的有关变量之间的因果关系，不仅要能够反映或解释已经观察到的事实，而且要能够对有关现象将来出现的情况做出正确的预测，也就是能经受将来发生的事件的检验。

而规范分析与价值判断相关。它研究经济应该是怎样的，或者为了达到这样的水平应该采取何种政策。规范分析有时隐含着对特定经济政策的支持，这主要是依据一定的价值判断做出的。由于人们的立场、观点、伦理道德标准不同，对于一个经济现象的看法会截然不同，不同的经济学家会得出不同结论，因此西方经济学家把规范分析定义为对政策行动的福利后果的分析。

综合上述，我们可以看出，实证分析研究经济运行规律，不涉及评价问题，而规范分析则要对经济运行做出评价。在经济分析中，实证分析和规范分析都是必要的，并且两者是相互补充的。少数西方经济学家认为，经济学应是一门实证科学；多数经济学家则认为经济学既应该像自然科学一样是一门实证科学，又应该像社会科学一样是一门规范科学。因为，在分析经济问题时，应采取什么研究方法、强调哪些因素，都与研究者的价值判断有关。所以，提出不同的政策主张除了与实证分析的结论不同有关，还与研究者的主观判断有关。在研究经济现象的时候，不仅要对经济现象本身进行研究，同时还应做出价值判断，只有这样才能说明经济运行过程的全貌，给决策制定者提供更真实的依据。

（四）静态分析、比较静态分析和动态分析

静态分析就是分析经济现象的均衡状态以及有关的经济变量达到均衡状态所需要具备的条件，它完全抽掉了时间因素和具体变动的过程，是一种静止地、孤立地考察某些经济现象的方法。它能说明短期经济运行情况，但不能说明经济运行的变化过程。例如，在考察市场价格时，它研究的是供求变化对均衡价格的影响以及价格对供求关系的影响。

比较静态分析就是分析在已知条件发生变化以后经济现象均衡状态的相应变化，以及有关的经济总量在达到新的均衡状态时的相应变化，即对经济现象有关经济变量一次变动的前后进行比较。也就是原有的条件变动时，均衡状态发生了怎样的变化，并把新旧状态进行比较。例如，已知某种商品的供求状况，并能得出供求均衡时的价格和数量，那么现在由于消费者收入增加了，使消费者对该商品的需求增加，从而导致均衡价格上升、均衡数量增加。这里把原收入水平下所得到的均衡价格和均衡数量，与增加后的收入下所得到的均衡价格和均衡数量进行比较，这就是比较静态分析。[①]

动态分析则是对经济变动的实际过程进行分析，其中包括分析有关变量在一定时间过程中的变动，这些经济变量在变动过程中的相互影响和彼此制约的关系。它是研究经济变量在不同时期的变动规律，是对经济运行的一种长期分析，说明长期经济运行情况并能解释经济运行过程及变化的原因。

三、宏观经济学中的基本概念

为了便于我们今后的学习和研究，需要了解和熟悉几个贯穿于宏观经济学理论始终

---

① 商瑾.金融风险及防范对策研究基于财政联结的角度［M］.北京：中国财政经济出版社，2018.

的基本概念。

（一）三大市场

市场作为市场经济中配置资源的主要方式，根据交易物品的不同可划分为多个市场。宏观经济学研究的是整个经济的运行状况，与宏观经济有关的市场可以在理论上抽象为：产品市场、金融市场和要素市场。

产品市场包括所有的商品和劳务的交易。在产品市场中，商品和劳务的总供给和总需求是以国民收入和国内生产总值来衡量的。

金融市场包括全部金融资产的交易。金融市场分为货币市场和资本市场：货币市场发生的是短期债券交易，期限为1年以内；资本市场发生的是长期债券交易，期限为1年以上。

要素市场包括用于生产商品和劳务的全部生产要素的交易。生产商品所需生产要素主要包括：劳动、资本、土地和企业家才能。

宏观经济学研究这三个市场的目的是建立这三个市场的宏观均衡模型。产品市场确定一般价格水平和总产量，货币市场确定一般利率水平，生产要素市场确定要素的价格和数量。

（二）四大部门

市场经济中的行为主体基本上都是以市场参与者的身份存在的，国内市场的主要参与者是企业、家庭和政府。随着经济全球化的不断深化，一国经济必然越过国界向外扩张，这样就产生了第四个部门——对外贸易部门。

（三）宏观经济变量

通过建立某种经济模型来把各经济变量联系起来，用已知变量与未知变量的函数关系来解释、分析经济发展规律，制定经济政策，促进经济发展。

经济模型中涉及的变量有外生变量和内生变量。外生变量是由经济模型以外的因素所决定的变量，是模型本身给定的，被认为是已知的。内生变量是由模型本身所决定的变量，是模型要解释的变量。建立一个经济模型的目的是说明外生变量的变动会怎样影响内生变量，并通过内生变量的变化而起作用的。

（四）存量与流量

存量是指经济变量在某一时点上的数值；流量是指在一定时期内变量的变动量。有些流量兼有其对应的存量，如储蓄和储蓄额、投资和投资额等。有些流量没有对应的存量，但可直接影响其他存量，如进口流量可影响国内的资本存量，进而影响购买住宅建筑的存量等。

流量来自存量，又归于存量。存量只能经过流量发生变化，而流量的大小又会受到存量变动的影响。如资本存量因投资流量的增加而增加，投资流量也依赖于资本存量的大小。尽管流量受存量变动的影响，但是在短期内可将资本存量假定为不变，存量对流量不产生影响。

四、宏观经济学的基本内容

（一）经济增长

世界各国的贫富一直存在着巨大差异，从宏观经济学的角度来看，富国与穷国之间的差距来自它们各自不同的经济发展历程。富国通常经历过较长时期的高速经济增长，而穷国则从未有过持续的增长。美国是富裕发达国家的典型，从某种意义上讲，美国经济的长期增长源于不断增加的人口，这为经济发展提供了稳定的劳动力来源，更重要的是在劳动力数量既定情况下的产出增长。产出的增长，特别是人均产出的增长最终决定一国的贫富程度，因此宏观经济学的一个重要任务就是弄清影响人均产出的因素。

（二）经济周期

在经济学中，经济周期是指经济运行过程中出现的阶段性的不规则的上下波动。经济活动具有复杂性的特征，这就使得经济周期的演变过程难以预测。一国经济周期通常由衰退期、谷底、扩张期、顶峰构成，当一个衰退期衰退过于严重时，就会出现经济衰退，经济衰退以实际国内生产总值连续两个季度下降为标志，严重经济衰退之后的谷底就称为经济萧条。

除了国内生产总值外，经济的周期性波动还反映在失业率、股票价格和通货膨胀率等方面。在一个经济周期的衰退期，失业率就会上升；在扩张期，失业率就会下降；在顶峰，失业率会降到最低；在谷底，失业率将达到最高点。通货膨胀往往与经济周期是吻合的，并且通货膨胀的波动通常比经济周期的波动要剧烈。在经济衰退时，通货膨胀率往往随之下降，严重时会出现通货紧缩；而经济上升时，又会出现通货膨胀率的上升。

（三）失业

失业是发达国家和发展中国家都要面临的一个重要问题。失业是指在现行工资率水平下愿意工作的人找不到工作的状态。通常下，我们用失业率来衡量一个国家的失业状况，失业率等于失业人口与劳动力人口的比值。根据失业的原因，我们把失业归于三种类型：摩擦性失业、结构性失业和周期性失业。

在失业问题中我们还要了解的一个重要概念是充分就业，所谓充分就业是指职位空缺数与失业人口数量大致相当。在充分就业的情况下，失业只是摩擦性失业和结构性失业，而不存在周期性失业。当实现充分就业时的失业率称为自然失业率，所谓自然失业就是那些与市场经济运行机制无关，由"自然"因素决定的失业人口。比如摩擦性失业和结构性失业的产生都与市场机制无关，因为市场并不是没有提供就业机会，而是失业者还没有找到工作，因此把它们称之为自然失业。

（四）通货膨胀

通货膨胀是指一个国家平均物价水平持续上升，与之相对应的一个概念是通货紧缩，也就是一个国家平均物价水平持续下降。我们通常用通货膨胀率来衡量一国的通货膨胀情况，年通货膨胀率的计算公式为：

年通货膨胀率＝（今年的物价水平－去年的物价水平）／去年的物价水平 ×100%

公式中的物价水平通常选用消费者物价指数。

当发生通货膨胀时，货币就会贬值，货币购买力下降。所谓货币的价值就是一定量的货币所能购买到的产品和服务的数量。当通货膨胀率较高时，货币贬值的速度就快，货币的实际购买力也就下降得越快；而在通货膨胀率较低或是为负的时候，货币就显得很值钱。任何一个国家都会发生通货膨胀，然而通货膨胀率不尽相同，当两个国家通货膨胀率差别持续一段时间的时候，就会引起汇率的波动。

（五）开放经济

以全球化为特征的当今世界经济，任何一个经济达到一定规模的国家都会与一个或一些国家发生贸易和金融联系，这也是宏观经济学所研究的范畴。在开放经济下，国与国之间主要通过贸易与信贷发生联系，国际贸易是国与国之间商品和劳务的交换，国际信贷就是国与国之间的资金流动。国际贸易是国际经济的基础，从一国角度来看，国际贸易由进口和出口两部分构成，进口是指一国居民和企业购买的由国外生产的商品或劳务，出口是指由本国所生产的被境外居民或企业购买的商品或劳务。

一国对外贸易还伴随着国际资本的流动，商品和劳务的买卖同时涉及货币的支出和收入，因此，我们可以用国际收支的概念来表示一国经济的总体对外平衡状况。一国的国际收支是指一个国家来自其他国家的货币收入总额与付给其他国家的货币支出总额的差额。一个国家在一定时期（通常是指一年、一季度或一个月）所有对外收支总额的对照表称为国际收支账户，它是一种以复式记账法为基础的会计表格，账户记录了一个国家外汇收支的情况。一个国家的国际收支账户主要包括三个内容：经常项目、资本项目、官方结算项目。经常项目由商品和劳务贸易、净利息收入和净转移支付三项构成；资本项目是记录投资状况的，这里的投资是广义投资，包括短期的借款和贷款、直接投资和证券投资；官方结算项目是记录一个国家的官方储备情况的。当一国出现贸易逆差时，就意味着外国资本的流入和官方储备的减少，当一国贸易出现顺差时，情况正好相反。

通过数据分析，几乎所有国家的进口和出口都是不相等的，也就是说，在开放经济体中，对外贸易的顺差和逆差是经常发生的，国际收支账户也经常呈现不平衡的状态。所以，经常项目中贸易不平衡是开放经济的又一核心问题。

（五）国际投资的新形态

1. 风险投资

又称创业投资，凡是以高科技与知识为基础，生产与经营技术密集型的创新产品或服务的投资，都可视为风险投资。它通过加速科技成果向生产力的转化推动高科技企业成长，并带动整个经济的蓬勃发展。风险投资在现代经济发展中起着举足轻重的作用，人们把它称为"经济增长的发动机"。[①]

2. BOT（Built-Operate-Transfer）

意思是建设—经营—转让。最早产生于国际工程承包市场。BOT 的实质是一种债务与股权相混合的产权，它是由项目构成的有关单位组成的财团所成立的一个股份组织，对项目的设计、咨询、供货和施工实行一揽子总承包。项目竣工后，在特许权规定的期限内进行经营，向用户收取费用，以回收投资、偿还债务、赚取利润。特许权期满后，无偿将项目交给政府。BOT 方式承建的工程一般都是大型资本技术密集型项目，如交通、电力、通讯、环保等。项目期限一般为 15 ~ 20 年。如今 BOT 投资方式被广泛应用于很多国家。[②]

（六）宏观经济政策

宏观经济政策是国家或政府为了增进社会经济福利而制定的解决经济问题的指导性原则和措施，是从全局上对经济运行施加影响，是政府的有意识干预。目的是要实现充分就业、物价稳定、经济增长和国际收支平衡。宏观经济政策主要包括财政政策和货币政策：财政政策一般是指为了实现经济目标而对政府支出、税收和借债水平所进行的选择；货币政策主要是中央银行通过控制货币供应量来调节利率进而影响投资和整个经济

---

① 潘长风.区域金融风险防范和化解探索［M］.北京：经济管理出版社，2020.
② 俞勇.金融机构、金融风险与金融安全［M］.北京：中国财政经济出版社，2020.

以达到一定经济目标的行为。

改革开放以来，我国政府开始由单纯的行政手段干预经济逐步向用市场经济手段调控经济的转变。20 世纪 90 年代后期，我国经济面临居民的消费需求和企业的投资需求的极度萎缩，甚至出现了通货紧缩的现象。在这种情况下，我国政府改变了适度从紧的货币政策，先后 7 次下调了利率，目的是将巨额的银行存款转向消费领域，但效果并不明显。为了进一步刺激消费和投资，政府开始实行积极的财政政策，增发国债，扩大基础设施的兴建等。而到 21 世纪初，经济又出现了"过热"现象，政府转而实行了适度从紧的宏观经济政策。当一国经济面临困难的时候，实行怎样的宏观经济政策才能使经济转危为安，什么才是适当的宏观经济政策，这些是宏观经济学所要研究的最为重要的问题。

第二节　宏观经济学的流派

一、新古典综合派

新古典综合派是指以美国著名经济学家萨缪尔森（Paul A Samuelson）为代表的美国凯恩斯主义经济学。这个学派的主要代表人物有：詹姆斯·托宾（James Tobin）、罗伯特·索洛（Robert Solow）、弗兰科·莫迪利阿尼（Franco Modigliani）等人。

（一）新古典综合派的产生

凯恩斯的《通论》问世后，对西方经济学界产生极大影响力，很多西方经济学家们对其大加推崇。然而，也有一些学者认为《通论》的理论结构还有不足之处，凯恩斯的《通论》主要是一种短期分析，它关心的是充分就业问题，而非资源配置问题。因此，有些西方学者认为，凯恩斯的理论并不是一种"一般理论"，它也是一种特殊理论。

于是，在《通论》出版的次年（1937 年），希克斯（John R. Hicks）就试图把凯恩斯的利率理论和古典学派的利率理论综合起来。20 世纪 50 年代中期开始，萨缪尔森等人为了使凯恩斯经济学既适用于非充分就业情形又适用于充分就业情形的一般理论，决定对凯恩斯理论进行"手术"，并首创"新古典综合"一词，用以表示凯恩斯和新古典经济学的结合。1948 年，他出版《经济学》第 1 版，以教科书的形式对凯恩斯经济学和新古典经济学进行了综合。这本书标志着新古典综合派的形成。在 1955 年的《经济学》第 3 版中，萨缪尔森提出把较早的经济学和现代收入决定论中有价值的东西"综合"起来，并把这一结果称为"新古典经济学"。在 1961 年的《经济学》第 5 版中，他开始用"新古典综合"这一名称来表示其经济理论的特征。在 1964 年《经济学》第 6 版中，他对"新古典综合"又做了进一步说明。他认为，新古典综合就是总收入决定论与微观经济学经典理论的结合。因为"在管理完善的体系中，运用货币和财政政策使经典理论提出的高度就业的假定得到证实时，经典理论就恢复了原有的地位"。从萨缪尔森的逻辑来看，凯恩斯理论体系似乎既是攻击新古典学派理论，使其濒临困境的对手，又是拯救它的恩人，以凯恩斯理论体系为代表的现代经济学是恢复充分就业假定前提的手段，一旦实现充分就业，两者的相对地位就要转化。

萨缪尔森提出的新古典综合论，广泛地流行于西方经济学界，在 20 世纪 60 年代中期以前，新古典经济学成为战后西方正统经济学并成为政府干预经济的理论基础。

（二）新古典综合派的主要观点

1. 混合经济理论

新古典综合派还把现代资本主义经济称为混合经济，是指既有市场机制发挥作用，又有国家对经济生活进行干预的经济。凯恩斯在《通论》中首先提出了混合经济的思想，他指出实现充分就业的唯一办法，就是"让国家之权威与私人之策动力量互相合作。"这就是混合经济理论的来源。

萨缪尔森在《经济学》中进一步阐释了混合经济的问题。萨缪尔森指出，当代西方发达国家是既不同于自由市场经济，又不同于社会主义经济的混合经济，市场价格机制和国家经济干预的有机结合是经济良性运行的基本前提，此为新古典综合的现实基础。他说："我国的经济是一种'混合经济'在其中，国家机关和私人机构都实行经济控制。"一方面，价格机制通过市场解决基本经济问题，即"生产什么取决于消费者的货币选票"，"如何生产取决于不同生产者之间的竞争"，"为谁生产取决于生产要素市场的供给与需求：取决于工资率、地租、利息和利润。"另一方面，"我们的经济不是纯粹的价格经济，而是混合经济；在其中，政府控制的成分和市场的成分交织在一起来组织生产和消费。"政府在经济中的作用日益重要。他强调混合经济包括两个部分：国家管理的公共经济部门和市场机制发挥作用的私有经济部门。国家调节是为了预防和对付经济衰退；发挥市场机制的作用是为了合理配置和充分利用资源，以提高经济效益。

总之，在新古典综合派看来，当今西方国家的经济既不是纯粹的私人经济，也不是完全的公有经济，而是一种私人经济活动与政府经济活动同时并存的混合经济。新古典综合派对混合经济运行机制的分析，是标准的凯恩斯理论中的收入—支出模型。

2. IS-LM 模型

IS-LM 模型又称为希克斯 - 汉森模型。1937 年，希克斯在《经济计量学》杂志上发表了《凯恩斯先生和古典学派》一文,第一次提出了IS-ZZ分析。他当时提出此设计时,并未考虑创立一个模式,只是借此模型说明凯恩斯和古典的就业理论一样仅是一种"特例"而不是什么"通论"。1948年美国经济学家汉森(Alvin Hansen)在《货币理论与财政政策》以及1953年有《凯恩斯学说指南》中重提这一分析工具,将LL曲线改称为LM曲线,并对这一模型做出了深入解释,并用来作为商品市场和货币市场的一般分析工具。IS-LM模型是凯恩斯主义宏观经济学的核心。尽管这个模型有不少缺点,但至今人们仍在继续运用它。IS曲线是产品市场均衡时利率和收入的组合;LM曲线是货币市场均衡时利率和收入的组合;二者的交点的利率和收入就是产品市场和货币市场同时达到均衡的利率和收入。IS-LM曲线的交点所确定的收入和利息率的均衡组合,会随着两条曲线中任一条曲线的变动或两条曲线的同时变动而改变。

3. 菲利普斯曲线

菲利普斯曲线是在1958年,由英国伦敦经济学院的新西兰教授菲利普斯(Alban William Phillips)提出来的。他在《经济学报》上发表了《1861~1957年英国的失业和货币工资变动率之间的关系》一文,指出货币工资变动率与失业率之间存在着一种此消彼长、互为替代的逆向变化关系。他根据英国1861~1957年的统计资料,利用数理统计的方法估算出一条货币工资变动率与失业率的依存关系的曲线,即菲利普斯曲线。菲利普斯曲线表明,货币工资变动率与失业率之间存在一种此消彼长的相互替换关系。根据菲利普斯曲线所反映的失业率与通货膨胀率之间的关系,新古典综合派主张,政府在宏观调控中可以在失业率、工资变化率和通货膨胀率三者之间进行选择。[①]

4. "滞胀"理论

凯恩斯主义认为,通货膨胀与失业是不会并存的。当社会存在失业时,总需求的扩大只会增加就业而不会引起通货膨胀;只有当充分就业时,过度需求才会引发通货膨胀。这种通货膨胀称"需求拉动型通货膨胀"。菲利普斯曲线提出了另一种通货膨胀类型——"成本推动型通货膨胀"。但是,这两种理论都无法解释20世纪60年代后期以来西方国家存在的失业与通货膨胀并存的滞胀现象。因此,新古典综合派就试图用微观经济学补充宏观经济学来解释滞胀问题。新古典综合派解释滞胀的主要观点有以下三点。

第一,微观部门供给异常引起膨胀。提出这种看法的经济学家认为,要说明滞胀问题不仅要看总供给与总需求之间的关系,而且还要看各部门的供求关系。20世纪70年代世界性的石油、农产品供给的短缺及价格的猛烈上升推动了通货膨胀。但是,这种通货

---

① 辛波,宋杰.土地财政与土地金融系统性风险研究[M].北京:经济管理出版社,2018.

膨胀不仅不能解决失业问题，反而还加剧了失业。这是因为与石油、农产品相关的部门因成本过高而销路锐减，结果生产收缩，失业增加，形成了滞胀局面。个别部门供给变动异常及价格变化是微观经济学所讨论的问题，所以说这种理论是用微观理论补充宏观理论来解释滞胀问题。

第二，福利支出的增加引起滞胀。提出这种看法的是萨缪尔森。他认为，政府支出中的福利支出不同于公共工程的支出，它弥补了低收入家庭的收入，使得失业者不急于找工作，也使得萧条时期物价不下跌。政府福利支出的不断增加加剧了通货膨胀，又不能消灭失业，这样就形成了滞胀的局面。这是用微观财政支出结构的变化来解释滞胀问题。

第三，劳工市场的结构特征引起了滞胀。提出这种看法的是托宾（James Tobin）和杜森贝利（James Stemble Duesenberry）。他们认为，劳工市场上的均衡是指既无失业又无空位，即劳工的供给与需求相一致。但这种情况是少见的，常见的情况是劳工市场的失衡。劳工市场的失衡表现为失业与空位并存，即一方面有许多工人找不到工作，另一方面又有许多工作无人做，这是由于劳工市场是不完全竞争的市场，劳工的供给有工种、技术熟练度、性别、地区之分，对劳工的需求也要受工种、技术、性别、地区的限制，这样在失业的同时又会有空位。货币工资的增长率受劳工市场的均衡和失衡的影响。在失衡的情况下，失业对货币工资增加速度的减缓不及空位对货币工资的增加的加速。这是因为在工会存在的情况下，劳工市场上形成了工资能升不能降的工资刚性有空位存在，工资率上升、有失业存在，工资率不会下降。于是，必然发生下列情况：如果失业大于空位，失业的增加对降低通货膨胀的作用愈来愈小，这是因为空位的存在抵制着工资率的下降，从而使物价继续上升；如果空位多于失业，更会加速工资率的上升；即使空位总额等于失业总额，由于劳工市场的分散与结构特点，劳工市场仍然失衡，工资率仍不会下降。所以，在失业与空位并存的情况下，工资率总是趋于上升的。工资率的上升引起物价的上升，物价的上升又引起工资率的增加，工资与物价螺旋式上升，使通货膨胀加剧，而失业又不会减少，这样就形成滞胀局面。劳工市场的结构特征以及工资的决定用于微观经济学研究的内容，所以这种理论仍然是用微观经济学补充宏观经济学来解释滞胀问题。

（三）新古典综合派的政策主张

新古典综合派经济学家对凯恩斯主义进行了系统化的论述，并而提出了相应的政策主张，以利于政府实践。

1. 相机抉择的财政政策和补偿性财政政策

新古典综合派用相机抉择的财政政策取代了凯恩斯的扩张性财政政策，用补偿性的财政政策取代凯恩斯的赤字财政政策。

（1）相机抉择的财政政策

相机抉择的财政政策也叫积极的财政政策，是指政府根据当前的经济形势和对经济未来走向的预测判断，在政府支出和税收方面采取相应措施，逆转经济的运行趋势，以实现一定的宏观经济目标。这种政策的特点是"逆经济风向行事"。即总需求水平过低，产生衰退和失业时，为防止经济衰退和失业率的提高，政府应采取诸如扩大开支和减税等刺激总需求的扩张性财政政策；当总需求水平过高，产生通货膨胀时，政府应采取如紧缩开支和提高税收等紧缩性财政措施，以防止经济过热和通货膨胀。

（2）补偿性财政政策

20世纪50年代，汉森等人提出了补偿性的财政政策主张。他们认为，资本主义经济并不是永远处于危机之中，而是时而繁荣，时而萧条，因此，经济政策就不能总是一个基调，而应当根据经济中繁荣与萧条的更替，交替地实行紧缩和扩张政策，即补偿性财政政策。这里的"补偿性财政政策"包含两层含义：一是用政府财政支出的增加或减少来补偿私人投资和私人消费的减少或增加，其目的是为了克服经济的周期波动。二是政府用经济繁荣年份的财政盈余来补偿经济萧条年份的财政赤字。他们强调，不能机械地用财政预算收支平衡的观点来对待预算赤字和预算盈余，而应当从反经济周期的需要来利用预算赤字和盈余。政府为了实现充分就业和消除通货膨胀需要赤字就赤字，需要盈余就盈余，而不应为实现财政收支平衡妨碍政府财政政策的正确制定和实行。

2. 主张财策政策要与货币政策并重

在大萧条的特定环境下产生的凯恩斯经济学，主张政府干预经济，即通过扩张财政政策和货币政策来对付萧条。但凯恩斯认为，由于人们心理上普遍具有流动性偏好，这使得货币政策效微力乏，因而凯恩斯更强调财政政策的重要性，而认为货币政策只起辅助作用。新古典综合派根据IS-LM模型分析得出与正统凯恩斯理论不同的结论。根据IS-LM模型，W曲线可被划分为三个区域："凯恩斯区域""中间区域"和"古典区域"。当经济处于"凯恩斯区域"时，财政政策完全有效，货币政策完全失效；当经济处于"古典区域"时，货币政策完全有效，财政政策完全失效。这种理论有点对正统凯恩斯理论和古典理论"各打五十大板"的意味，这即是其名为"综合派"部分原因之所在。继而他们认为，"凯恩斯区域"或"古典区域"只是经济生活中的极端例子，大多数时候，社会经济既不处在"凯恩斯区域"，又不处在"古典区域"，而是处于"中间区域"，此时，货币政策和财政政策都有效，但单独使用财政政策或单独使用货币政策的效果没有这两种政策同时使用的效果好。这就是新古典综合派财政政策和货币政策并重的理论。

新古典综合派还进一步提出了运用财政政策和货币政策的不同组合方案来对治20世纪60年代末至20世纪70年代初困扰资本主义世界的"滞胀"问题。

这种方案可以概括为"松紧搭配"。这里所谓"松"是指扩张性政策,所谓"紧"是指紧缩性政策。在此之前,这两种政策都是分开使用的,即对付经济萧条可以用"松",对付经济高涨则宜于"紧"。20世纪70年代的"松紧搭配"是要根据具体情况把这两种政策配合使用。可以搭配的形式有以下两种。

第一,扩张性财政政策和紧缩性货币政策相配合。即在财政政策上用投资优惠(例如,对投资者给予补贴、减免税、保险等优惠待遇)、减税、扩大政府开支的办法来鼓励投资,以增加总需求,促进经济增长。同时,在货币政策上则通过中央银行控制货币供给量的增加,以防止因投资需求旺盛而引起的通货膨胀加剧。

第二,紧缩性财政政策和扩张性货币政策相配合。即在货币政策运用上用扩大银行信贷和降低利息率等办法来鼓励投资,以增加总需求,促进经济增长。同时,在财政政策上通过缩小政府开支,压缩政府对商品和劳务的购买来减少对市场的压力,以稳定物价。

二、货币主义学派

"货币主义"学派是20世纪50年代后期在美国出现的一个重要的经济学流派。它试图恢复传统的货币数量论的分析法,认为价格总水平和名义国民收入变化的主要决定因素是货币数量的变化,并倡导经济生活的自由放任。"现代货币主义"学派的领袖和奠基者是美国芝加哥大学经济学教授米尔顿·弗里德曼(Milton Friedman)。

(一)货币主义的产生背景

货币主义产生的背景是由于凯恩斯主义者对传统货币数量论的批评以及对货币重要性的轻视;凯恩斯主义旨在稳定经济的政策反而导致经济的不稳定;发达国家长期推行凯恩斯主义需求管理政策导致在20世纪60年代中后期出现较多的财政赤字、政府债务和不断攀升的通货膨胀。

在《通论》中凯恩斯尖锐批评了货币数量论,认为人们持有财富只在货币和债券这两种形式中选择,货币需求有较高的利率弹性。根据这一假定,货币供给增加会引起利率下降,而利率下降会引起货币需求增加或货币流通速度下降,由于货币供应量心的增加被货币流动速度y的降低所抵消,所以M的变化对名义国民收入Y不产生任何影响。货币主义者不赞成凯恩斯主义者对货币数量论所持的态度,认为应当重新认识货币数量论的价值和意义,货币主义者强调"唯有货币重要"。

凯恩斯主义对20世纪50年代至20世纪60年代发达资本主义国家的经济和经济政策

产生重要影响，但由于信息不完全，由于经济政策制度实施中存在的时滞现象等原因，导致凯恩斯主义稳定经济政策不能完全奏效，反而引起发达国家通货膨胀不断攀升。

面对凯恩斯主义解释和处理现实经济问题的局限，20 世纪 60 年代，弗里德曼发表《货币数量论：重新表述》一文，重新阐述传统货币数量论的思想，并对其进行创新和发展，它为货币主义奠定了方法论和理论的基础。

（二）货币主义的基本假说

1. 自然率假说

自然率主要是指自然失业率而言。所谓"自然失业率"，是指在没有货币因素干扰的情况下，由经济体系中的实际因素，如劳动市场的有效性、竞争或垄断程度、阻碍或促进到各种职业部门去工作的制度因素所决定的失业率。自然失业率大体上相当于凯恩斯在《通论》中所定义的自愿失业和摩擦性失业人数在总劳动力中所占的比率。

按照自然率假说，任何一个资本主义社会都存在着一个自然失业率，其大小，取决于该社会的技术水平、资源数量和文化传统，而在长期中，该社会的经济总是趋向于自然失业率（如 6%）。这就是说，人为的经济政策的作用可以暂时或在短期中使实际的失业率大于或小于自然率，但是，在长期中，不可能做到这一点。

2. 适应性预期假说

所谓适应性预期，是指当事人以过去的经验为基础并根据他们以前的预期误差来修正每一期的预期。在（z-1）期对期的价格水平所做的适应性预期可定义为：

$$P^e = P_{t-1}^e + \beta \left(P_{t-1} - P_{t-1}^e \right) \quad (0 < \beta < 1)$$

其中，β 为适应性系数，它决定了预期对过去的误差进行调整的速度。

（三）货币主义的主要观点

根据新货币数量论和自然率假说，货币主义形成以下几个理论观点：

第一，货币供应量的增长是决定名义 GDP 增长的主要的系统性的因素。与凯恩斯一样，货币主义也是一种总需求决定论。但是，与凯恩斯主义不同，货币主义认为名义总需求是主要的宏观经济变量，如总产出、就业量和价格总水平，主要受货币供给变动的影响。而弗里德曼（Milton Friedmann）认为，货币需求是少数几个可以观察到的变量的稳定函数，在这些变量中，最为重要的是持久收入。利率虽然是决定货币需求的一个自变量，但是它不是一个重要的变量。因为，货币和其他金融资产之间的替代效应很小，货币需求的利率弹性很低。而货币供给完全取决于货币当局的决策及银行制度。在货币供求均衡时，由新货币数量论的方程式，由于货币流通速度 V 在短期仅可以做出轻微的变动，而在长期中又是不变的数量，于是货币供给量 M 便是影响名义收入 y 的决定性因素，即货币数量是货币收入波动的主要原因。

第二，在短期中，货币供给量可以影响实际变量，如就业量和实际国民收入；在长期中，货币数量的作用主要在于影响价格以及其他用货币表示的量，而不能影响就业量和实际国民收入。

第三，私人经济具有自身内在的稳定性，国家的经济政策会使它的稳定性遭到破坏。

第四，菲利普斯曲线所描述的通货膨胀与失业的替换关系只在短期存在，在长期中，菲利普斯曲线是垂直的。

第五，通货膨胀是一种货币现象。

（四）货币主义的政策主张

以弗里德曼为首的货币主义根据其理论和对经验资料所做的分析，提出自己的政策主张，主要包括以下两点。

第一，主张经济自由化，反对凯恩斯主义的财政政策。货币主义并不仅仅是一种货币理论，它首先体现的是一种经济自由主义思想。货币主义宣扬经济自由主义，反对政府干预，鼓吹自由放任，货币主义者认为，政府对经济的干预既不能提高产量，也不能降低失业率，只能引起经济波动，政府不干预的自由主义的经济才是最有效的经济，要想经济持续发展，就要采取措施削弱政府在经济方面的影响，限制政府的经济作用。[①]

第二，反对"斟酌使用"的货币政策，力主单一政策规则。20 世纪 40 年代后，凯恩斯主义在各国得以广泛推行，但是这种以扩张性财政、货币政策来刺激经济增长的做法导致 20 世纪 60 年代西方各国普遍出现的严重的"滞胀"问题。以弗里德曼为首的货币主义学派，强烈批判凯恩斯主义的财政政策和中央银行根据经济情况"相机抉择"的货币政策，并提出针锋相对的货币政策，即"单一规则"的货币政策，主张通过该政策来解决西方各国经济中出现的各种问题。他认为，通货膨胀和经济波动是货币这个最重要的因素作用的结果，只有货币政策才能解决这些问题。由于货币数量的变化对实际经济和通货膨胀的影响存在着"时滞"，政府在调节货币供应量时往往会做过头，造成经济波动更加频繁，更不稳定。弗里德曼认为，货币当局只需实行"单一规则"的货币政策，把控制货币供应量作为唯一的政策工具，由政府公开宣布把货币供应量的年增长率长期固定在同预计的经济增长率基本一致的水平，这样就可以避免经济的波动和通货膨胀。

---

① 卢建新.住房价格波动的时空特征传导机理与金融风险研究［M］.北京：中国社会科学出版社，2018.

三、供给学派

供给学派是 20 世纪 70 年代中期兴起的西方经济学流派。20 世纪 70 年代美国经济增长缓慢，通货膨胀压力日益加大，凯恩斯主张的需求管理政策不再奏效，新自由主义思潮逐渐占据上风，供给学派应运而生。供给学派强调对人们的工作、储蓄和投资的刺激，主张通过大规模减税来促进生产或总供给增加，以扭转美国生产率和经济增长率下降的局面。

（一）供给学派的形成背景

20 世纪 70 年代中期，美国经济增长减速。生产率增长的减速又引起通货膨胀加剧和经济增长率下降。到 20 世纪 70 年代末，美国的年通货膨胀率由 20 世纪 60 年代的 2%～3% 陡升到 8% 以上，而年平均经济增长率则由 20 世纪五六十年的 4.2% 下降到 3% 以下。

面对严重的经济衰退局面，凯恩斯主义者的需求管理政策显得无能为力，尽管试图实施"收入政策""人力政策"等来补充需求管理政策，但都不见奏效。

根据凯恩斯主义，刺激需求会使通货膨胀恶化，而抑制通货膨胀又会导致生产萎缩。面对"滞胀"的局面，凯恩斯主义开出的药方显然是不对症的。供给学派的经济学家重新审视凯恩斯主义的政策，他们认为，凯恩斯的需求管理政策不能对付滞胀，反而使西方国家的经济出现了滞胀，因此，供给学派举起了对凯恩斯主义进行一场革命的旗帜，掀起了一场所谓的"供给学派革命"。在供给学派看来，问题的症结不在需求一方，而是供给一方，提出增加供给、提高生产率来促进经济增长，反对凯恩斯主义的政府干预经济、刺激需求的政策。供给学派的论点和主张深得美国企业界不少人士的赞赏，也颇迎合一些饱尝通货膨胀、失业和繁重捐税之苦的美国民众的心理，因而逐渐形成美国经济学界一股新的势力。

（二）供给学派的基本理论

1. 供给决定需求理论

凯恩斯主义还是货币主义，都属于需求分析，他们着重于从总需求的决定因素上去寻求通货膨胀和经济波动的原因。与此相反，供给学派则强调供给分析。供给学派认为凯恩斯刺激总需求的政策，是无效的并且是有害的，因为需求并不生产什么。

供给学派还认为，凯恩斯的有效需求原理，忽视了投资与需求管理相联系的税收政策、退休金制度、膨胀信用政策等起了人为抑制储蓄、鼓励消费的作用，从而导致储蓄率和投资率下降，生产率增长缓慢。在这种情况下，需求的膨胀必然造成通货膨胀，形成滞与胀的恶性循环。由此，供给学派得出结论，凯恩斯定律在理论上是错误的，从而在实践上造成了滞胀的恶果。"供给决定需求"的萨伊（Jean-Baptiste Say）定律应重新得到肯定。

供给学派认为，他们并不是简单地重复萨伊定律，他们在萨伊定律的基础上，又进一步阐述了刺激供给的因素和途径。他们认为，解决滞胀的根本是刺激供给增加，决定供给增加的因素有两个：一是生产要素投入的绝对增加；二是劳动生产率的提高。

2. 税收理论

税收的理论及政策是供给学派的精髓，也是供给学派与凯恩斯学派的重要分歧之一。

为了说明税率与政府税收收入之间关系以及论证减税对刺激经济增长的作用，供给学派理论家拉弗（Laffer）于 1974 年提出了著名的"拉弗曲线"，拉弗曲线成为供给学派解释减税理论的依据和工具。这条曲线如图 1-1 所示。

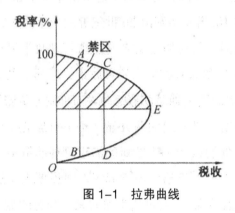

图 1-1　拉弗曲线

在一个极端，当税率为 100% 时，市场经济中的全部生产活动都将停止。如果人们的所有劳动成果都被政府所征收，他们就不愿在市场经济中工作，因而由此生产中断。既而政府征不到税，政府的收益就等于零。

在另一极端，如税率为零，则政府收入也为零。此时，政府也不可能存在，经济处于完全无政府状态。因此，为了使政府得以运转，必要的征税率是不可避免的。

如图，高税率的 A 点和 C 点，分别与低税率的 B 点和 D 点为政府提供着相同的赋税收益。当税率从 100% 下降到 A 点，生产开始恢复，政府略有所得。可以看到，由于税率的下降，收益还可以增加。在 A 点代表一个很高的税率和很低的产量，而在 D 点代表一个很低的税率和很高的产量，然而两者可以为政府提供同样多的收益。这一情形在 C 点和 D 点上同样成立。"拉弗曲线"告诉我们，在高税率区间，政府可以通过进一步降低税率，来刺激生产，增加收益。例如从 A 点降到 C 点，随着产量的进一步扩张，政府收益也可以增加；而在低税率区间，政府同样也可以通过提高税率，如从 B 点提到 D 点，来增加收入。当然收益和产量存在一个极大值，即图中的 E 点。在 E 点，如果政府还要降低税率，产量将增加，但收益会下降；如果提高税率，产量和收益都会下降。对于政府来说，图中的阴影区域是税收禁区，因为在这个区域内，税率越高，政府的收入减少得越多，这个区域对政府是有害而无利的。

"拉弗曲线"为供给学派的减税主张提供理论根据的一个分析工具，根据"拉弗曲线"，供给学派认为，只有减税才能增加政府的收益及私人的储蓄和投资，而以往的使用税制对财富进行再分配的政策只会造成经济停滞。

（三）供给学派的政策主张

1. 减少政府干预，主张更多依靠市场调节

供给学派把"滞胀"归因于政府长期实行凯恩斯主义的政府干预政策，反对政府对经济的不必要干预，倡导经济自由，强调政府行为的非生产性。他们认为，从实践上看，美国自实行凯恩斯主义政策以来，不必要的国家干预太多、太细，束缚了企业手脚，抑制了企业生产的积极性；而政府较多的规章条令限制了企业对新产品、新能源、新技术的开发，使美国在产品开发方面走在日本等国后面。因此，减少政府干预，恢复经济自由，让市场机制恢复功能，就能达到资源的充分合理利用，使经济重新起飞。

2. 减税政策

减税是供给学派政策主张的核心和基本环节。按照凯恩斯观点，减税是一种刺激总需求的措施，在通货膨胀时期减税将加剧通货膨胀。而供给学派则认为，过去凯恩斯是通过调节货币的供给量，降低利率，以增强投资的引诱力来刺激投资促进经济增长的。但是，到20世纪70年代末期，经过通货膨胀和税收调整后的利率一直是负数，如果降低利息的目的是为了提高投资的引诱力，那么现在适当的经济政策就不能再是降低利率来刺激需求了，而是要减税，以刺激供给方面。

供给学派认为，减税是一剂医治"滞胀"病的苦口良药，可以收到既增产又消胀之功效。具体来说，他们认为减税对社会经济发展将起到如下的积极作用：

（1）降低税率可以促进个人和企业增加储蓄和投资，并促使个人少休闲、多劳动。

（2）减税在一定程度上可以促进政府收入增加。

（3）减税可以抑制通货膨胀。

3. 节支政策

财政节支是供给学派为刺激供给、减少政府干预的又一项经济政策。供给学派认为美国之所以会出现财政赤字逐年增加，通货膨胀居高不下，是因为政府开支增长过快，其中过量的社会福利费用的负作用尤其大。第一，造成大量自愿失业者。第二，造成浪费，助长舞弊，如医疗补助使无病者呻吟领取补助。第三，抑制劳动生产率的提高。各种社会福利，实际上是助长了人们的懒惰思想，使他们没有学习业务、提高技术、改进管理

的压力，必然降低劳动者素质，直接影响劳动生产串的提高。第四，过大的社会福利费，挤占了生产性投资，直接造成供给不足。此外，政府的直接投资还为政府不适当地干预经济提供了借口，因此必须用紧缩性财政政策取代凯恩斯主义的膨胀性财政政策。

4. 稳定币值

减税和适当增加货币供给可以抑制通货膨胀。供给学派认为，以紧缩性政策反通货膨胀会产生不利的供给效应，结果反而引起价格水平上涨。因为凯恩斯的控制需求的反通货膨胀的措施是提高税率和减少货币供给。提高税率会减少劳动供给和资本形成，减少货币供给会提高利率，两者都会减少投资。这些政策的效应是减少产出，提高价格水平。供给学派认为，应该减税和增加货币供给。降低税率能够增加劳动供给和投资，适当增加货币供给能够降低利率，刺激投资增加。这些政策都有利于增加产出，缓解供求矛盾，降低价格水平。

供给学派认为，要同时达到降低通货膨胀和经济高速增长两大目标，除了大规模减税，还应恢复金本位制，使美元与黄金重新挂钩，建立资本主义世界的货币体系；恢复过去"尚节俭，鄙奢侈"的传统美德，把人们从凯恩斯主义所散布的害怕储蓄、颂扬消费和挥霍的思想中解放出来。拉弗说，政府应以美元可以兑换黄金的办法来保证美元的购买力。在没有恢复金本位之前，我们不可能制订出真正的反通货膨胀的政策。

5. 用供给管理取代需求管理

供给学派主张用供给管理政策取代凯恩斯主义的需求管理政策。供给学派倡导的供给管理政策的主要内容是：

（1）通过减税、加速折旧刺激投资和资本形成，奖励技术创新，以些促进生产率提高。

（2）进行结构性调整，促进资源从衰退部门向增长部门转移，促进资源由消费转向投资。

（3）降低政府支出在国民生产总值中的比重，把资源由政府部门转移到民间部门。

（4）取消对特定行业和部门的过度保护，提高市场的竞争程度。

（5）消除劳动市场和产品市场的刚性，提高这些市场的流动性竞争性。

四、理性预期学派

理性预期学派是 20 世纪 70 年代兴起的西方重要经济学流派之一。它以理性预期理论反对长期居于正统地位的凯恩斯经济学，对西方宏观经济学在理论结构、分析方法都产生了深远影响。其理性预期、长期货币中性等理论为新凯恩主义所接受，并为新凯恩斯主义的理论创新起到重大的借鉴作用。

（一）适应性预期和理性预期

1. 适应性预期

适应性预期是说，经济活动参与者将根据自己过去在做出预期时所犯错误的程度来修正他们在以后每一时期的预期。下式则表示了时期 t 的价格水平的适应性预期的含义：

$$P_t^* = P_{t-1}^* + \theta\left(P_{t-1} - P_{t-1}^*\right)$$

其中 θ 为适应系数，它决定了根据过去的误差调整预期的速度。适应系数的值的范围为 $0 < \theta < 1$。该式表明，对于适应性预期来说，时期的价格预期值等于时期的价格预期值加上（或减去）时期价格预期值误差的一个部分。

2. 理性预期

理性预期是在有效地利用一切信息的前提下，对经济变量做出的长期内平均说来最准确的，而又与使用的经济理论、模型相一致的预期。这一理论包含三个含义：第一，做出决策的经济主体是有理性的。为了追求最大利益，他们总是力求对未来做出正确的预期。第二，为了做出正确的预期，经济主体在做出预期时会力图得到有关的一切信息，其中包括对经济变量之间因果关系的系统了解和有关的资料与数据。第三，经济主体在预期时不会犯系统的错误。也就是说，由于正确的预期能使经济主体得到最大的利益，所以经济主体会随时随地根据他所得到的信息来修正他的预期值的错误。

（二）理性预期学派的基本理论观点概述

1. 失业与通货膨胀

理性预期学派的理论不承认失业与通货膨胀之间的交替关系。他们认为失业作为一种实际的经济变量，是由诸如劳动市场的供求关系、生产的技术条件、经济技术结构等实际因素决定的，而与货币数量及货币数量所决定的价格水平没有关系。简言之，失业与通货膨胀之间没有直接的关系，不存在二者之间的相互交替的关系。为此，理性预期学派在其理论的阐述中，以其理性预期的观点深入地批判了反映失业与通货膨胀交替关系的菲利普斯曲线，阐明了自然失业率的观点，分析了影响通货膨胀的因素。[①]

2. 货币中性

理性预期学派货币理论的最重要的理论观点，是其货币中性的理论观点。所谓的货币中性是指：总产量和就业的实际水平和自然水平间的不同的时间类型，是同包括系统

---

① 郭峥嵘，郭易如.真实的中国地方政府投融资平台精益变道、金融创新、风险控制［M］.北京：经济管理出版社，2018.

地对经济周期发展做出反应的货币活动和财政活动无关。系统的货币活动，仅仅影响诸如价格水平、通货膨胀率等名义变量。或如卢卡斯（Robert E. Lucas, Jr.）所证明的，货币数量同价格水平成比例地变化。按照理性预期理论，一切经济活动都是根据理性预期进行的，货币数量的增加和减少，不影响实际的经济变量；实际的经济变量是由经济中的实际因素（例如技术条件、劳动的供求等）决定的。

根据理性预期学派的观点，货币之所以具有中性，在于经济活动的当事者具有完全理性的，其活动表现为自觉地对最优化的追求，并且不犯系统的错误，因而便能彻底地克服"货币幻觉"，从而不受货币扰动的影响，货币因此就成为中性的了。而经济活动当事者之所以能够进行理性预期，关键在于掌握充分的信息。所以，在这里，信息、预期与货币中性是三位一体的关系。

3. 政策的无效性

根据卢卡斯关于总供给的观点，产量和就业偏离其自然率水平，是由于人们的预期错误引起的，实际价格高于或低于人们的预期价格，使人们误认为各种商品的相对价格已经改变，因而调整其产量。如果人们的预期是理性的预期，他们就将应用关于货币当局政策规则的系统的信息来形成其关于未来价格的预期，不论货币当局选择什么样的货币供应增长率，都不可能瞒过经济当事人，使之犯预期价格的错误。由于假定价格是可以出清市场的价格，由于经济当事人不存在价格预期的错误，货币当局的货币政策对于产量和就业没有系统的影响。这就是说，在理性预期之下，货币政策是无效的。

货币主义经济学家弗里德曼认为，在长期中，货币政策对实际的经济变量没有影响，但却完全可以决定价格水平。从政策无效性的观点上看，理性预期学派的经济学家们，不仅证明了货币政策局限性的这一货币主义的看法，而且还声称一系列的增加货币供给的冲击使公众感到意外的话，公众便会非常快地预见到其货币政策的活动及其后果，从而使这种货币政策归于无效。规则和斟酌使用的原则之争，实际上是政策的无效性与政策有效性之争。坚持以规则作为货币供给规定基础的，是货币主义者和理性预期学派经济学家；而坚持实行斟酌使用原则的则是凯恩斯主义经济学家。

4. 经济周期理论

著名理性预期经济学家卢卡斯在"理解经济周期""经济周期理论的方法与问题"等论文中，深入论述了经济周期的含义，经济周期理论的形成、演变与发展。

卢卡斯的理性预期的经济周期理论观点只是在对时间系列分析中加进了理性预期的因素，把经济周期理论同理性预期的分析直接联系起来。它是时间系列分析的经济周期理论的继承和发展，但这种理论同"有效需求"分析的经济周期理论完全不同，或者是对后一种经济周期理论的否定。卢卡斯否认凯恩斯的这种自愿失业和非自愿失业的划分，认为不能在总的失业中划分出哪一部分是"自愿失业"的，哪一部分是"非自愿失业"。此外，按他的看法，失业是由于经济中的随机变量的变动而引起的，那么，最重要的是把政策也作为经济中的一个变量（或随机变量）发挥作用，或者把政策看成是一种经济的"投入"，使之实现最好的"产出"（即实现最好的政策效果）。最好的政策是使经济中的随机变量的负面影响达到最小化的政策。

（三）理性预期学派的政策主张

根据理性预期学派经济学家的看法，经济如果不反复遭受政府的冲击，就会基本上是稳定的。他们认为，凯恩斯主义所主张的干预经济生活的财政政策和货币政策（所谓"积极行动主义的宏观经济政策"）能够生效的暗含前提是：政府可以出其不意地实行某种政策以影响经济生活，即政府总是比公众高明。但是，在理性预期条件下，人们对政府的经济政策及其实施后果早已充分预计到了，并做出了相应的预防措施和对策，使得政府的经济政策不能有任何效果。理性预期学派在批判凯恩斯主义的"积极行动主义的宏观经济政策"时，主要提出了以下三点看法。

（1）日益增多的经验和理论的证据表明，凯恩斯主义经济政策在抵消产量、就业或其经济总量的波动方面是不会取得任何成效的，在某些场合它们也许能在一定程度上影响经济生活，但它们不可能克服经济周期。

（2）凯恩斯主义经济政策的结果大部分是不确定的。而任何一种经济理论都明确地告诫人们，政策的结果确定性越小，实施政策就越要小心谨慎，因为任何一项错误的政策都会将事情弄得很糟。同时，政策的制订更加需要从容不迫，步子更要谨慎，绝对不能用那些曾经使用过的大规模的措施去刺激经济增长。

（3）对于许多凯恩斯主义经济政策，即使知道了它将会产生的结果，我们仍然无法判断这种结果是不是符合公众的意愿。根据凯恩斯主义的方法来制定政策的人无法让经济中的个人去选择自认为有良好结果的政策，他们是被迫选择这些政策的。其结果是，除非人们的偏好恰好与政策制定者的规定相配合，否则这些经济政策很可能使人们的处境普遍地变得更糟糕。

五、新凯恩斯主义学派

20世纪80年代，一个主张政府干预经济的新学派——新凯恩斯主义经济学在西方学术界出现了。新凯恩斯主义与新古典综合派同属凯恩斯主义阵营，两者的关键区别在于，新古典综合派的理论倾向于假定一个固定的名义工资，而新凯恩斯主义则试图为解释工资和价格黏性现象提供一个可以接受的微观基础。一般来说，新凯恩斯主义者都接受如下四个命题：

（1）私人经济具有内在的不稳定性，经济由失衡走向均衡的自动调节过程是缓慢的。

（2）货币在长期内是中性的。

（3）短期的菲利普斯曲线是存在的。

（4）政府为稳定经济进行干预的政策是有效的。

（一）新凯恩斯主义的基本假设

1. 价格和工资黏性假设

非市场出清假设是新凯恩斯主义的重要的假设，这一假设来自原凯恩斯主义。凯恩斯在《通论》中就是用货币工资、利率和价格黏性或刚性来否定"依靠市场价格机制的自动调节可以达到充分就业均衡"的"古典"经济学信条。新凯恩斯主义认为，现实中的各类市场是垄断型的或垄断竞争型的，供给方有控制价格和工资水平的能力。面对供给冲击或需求冲击，价格和工资调整是缓慢的，至少需要一个过程。因此，无论是商品市场还是劳动市场常常处在非完全出清状态，宏观经济均衡通常是非瓦尔拉斯均衡，而不是瓦尔拉斯均衡。

非市场出清假设使新凯恩斯主义和原凯恩斯主义具有相同的基础。非市场出清的基本含义是，在出现需求冲击或供给冲击后，工资和价格不能迅速调整到使市场出清的状态。缓慢的工资和价格调整使经济回到实际产量等于正常产量的状态需要一个很长的过程，例如，需要几年时间，在这一过程中，经济处于持续的非均衡状态。

新凯恩斯主义和原凯恩斯主义都坚持非市场出清的假设，但两者的非市场出清理论存在着重大差别，其表现为：①原凯恩斯主义非市场出清模型假定名义工资刚性，而新凯恩斯主义非市场出清模型假定工资和价格有黏性，即工资和价格不是不能调整，而是可以调整的，只是调整十分缓慢，需耗费相当的时日。②新凯恩斯主义模型增添了原凯恩斯主义模型所忽略的两个假设，即一是经济当事人最大化原则，即厂商追逐利润最大化和家庭追求效用最大化，这一假设源于传统的微观经济学；二是理性预期，这一假设来自新古典宏观经济学。经济当事人最大化原则和理性预期的假设使新凯恩斯主义突破了原凯恩斯主义购理论框架。

2. 不完全性假设

这里的"不完全性"是指市场不完全和信息不完全，主要是指市场不完全。新凯恩斯主义一般假设经济中的市场是不完全竞争（垄断竞争和寡头垄断）型的。在这种市场上，单个厂商面临的需求曲线是向右下方倾斜的，他对产品价格有一定的控制力。因此，当需求发生变化时，他的反应往往是进行数量调整，而不是进行价格调整。

3. 理性预期假设

新凯恩斯主义一般并不反对理性预期学派的理性预期假说，他们中的大多数人接受了这个假说并力图把它纳入新凯恩斯主义的宏观经济模型。但是，与新古典宏观经济学不同，新凯恩斯主义者大多认为，短期内形成的预期是适应性预期而不能是理性预期；并且，由于市场不完全和信息不对称，经济当事人的理性预期通常受到约束或限制，即这种预期通常是"理性约束预期"或"近似理性预期"。

（二）新凯恩斯主义的主要理论

1. 名义黏性

正统的凯恩斯主义和新凯恩斯主义都假定，价格调整对外来冲击反应迟缓。不过前者武断地假定名义工资是固定的，而新凯恩斯主义则试图为工资和价格的缓慢调整提供一个微观经济基础。

（1）名义价格黏性

新凯恩斯主义从不完全竞争的市场出发，试图解释经济中的名义价格黏性，其中较有影响的是菜单成本理论。这一理论认为，经济中的垄断厂商是价格的决定者，能够选择价格，而菜单成本的存在阻滞了厂区商调整产品价格，所以，价格有黏性。所谓"菜单成本"，是指厂商调整价格所花费的成本，包括研究与确定新价格、编印价目表、通知销售人员、更换标签等所花费工的成本，这类成本类似于餐馆打印新菜单所花费的成本，所在地以称"菜单成本"，这些成本是厂商在调整价格时实际支出的成本。另有一类成本是厂商调整价格的机会成本，它虽不是厂商实际支出的成本，但同样阻碍着厂商调整价格，也被称为菜单成本。

除了菜单成本理论外，新凯恩斯主义学者还提出长期合同论或交错调整结构论。

这种理论认为，价格之所以不随着总需求的下降而及时下降，是因为厂商之间存在长期的供货合同，这种合同可以保证买主按照合同签订时的价格购买到所需要的产品的任何数量。所以，长期合同包含长期的价格协议。合同虽然允许价格将来可以随着成本的变化而进行调整，但是价格并不随着对这种产品需求量的变化而进行调整。这种长期合同的签订和到期不是同步的，而是交错进行的，因此，对于单个厂商来说，他的产品定价和调价不是连续的，他无法根据市场需求的变化来迅速地调整价格；对于全体厂商来说，即便供货合同到期的那部分厂商根据需求变化调整了价格，这种产品的市场价格还是变化缓慢。

（2）名义工资黏性

早期的新凯恩斯主义者以长期劳动合同的形式引入了名义工资黏性。长期合同是指厂商和工人之间的协议，其中规定了1年或更长时间内的名义工资率。劳动合同中的工资并不是完全刚性或完全固定的，每当新合同谈判时就有改变。合同影响经济的关键在于对工资变化的规定与对合同期限的限定。商定的工资率一般在两种情况下是可能变化的：一是有计划的变化，即在多年长期合同中，规定了每年工资率变化；二是按生活费用协议的规定变化，即规定一个自动的工资提高率，以适应物价的上涨，也就是预先确定名义工资的变化，允许工资率上升以赶上未来的通货膨胀率。

新凯恩斯主义者认为，长期劳动合同工是实际收入和失业呈周期性变化的原因之一，因为它们在一定程度上限制了工资和价格的灵活性。该理论认为，工资黏性不仅来源于个别非理性和武断的行为，而且来源于有利于工人和厂商利益的长期合同。

2. 经济波动理论

（1）名义刚性与经济波动

这种经济周期理论的基本观点是，名义工资刚性和（或）名义价格刚性加上总需求冲击会导致经济波动。这种理论的主要假定有：①名义工资是刚性的。②短期总供给曲线是水平的或向右上倾斜的，长期总供给曲线是垂直的。③在劳动市场上，厂商面临着两条不同的劳动需求曲线，即有效劳动需求曲线和观念的劳动需求曲线，前者表示不同的产量水平下所需要的劳动数量，后者表示在不同的实际工资水平下厂商愿意雇用的劳动数量。

在上述假定条件下，根据价格或成本是固定的还是可变的，又可以进一步把这种经济周期理论分为固定加成经济周期模型和可变加成的经济周期模型。

（2）近似理性的经济周期模型

其主要观点是，如果经济当事人采用他们认为是"微不足道的"次优方式调整工资和价格，总需求冲击会引起产出和就业的重大变化，即名义货币供应量的变化在短期内是非中性的。或者说，制定或变动价格决策的很小的交易成本可能会引发实际经济活动的大规模波动。

（三）新凯恩斯主义的政策主张

克服物价惯性和周期性，稳定物价，主要是对总需求加强宏观调控。

1. 调整投资

国家可以通过调控投资规模和投资结构来改变总需求，当经济过热时适当压缩一部分投资；反之，增加部分投资，使占总需求很大份额的投资能与总供给中的投资品供给大体适应。

2. 加强对货币投放量和信贷规模的控制

货币投放和信贷规模的增长率应从目前的水平上逐步降下来，货币总量要与国民生产总值的规模大体适应。货币总量的增长率要稍高于国民经济增长率，以免影响经济发展，但不能过高，过高就难遏止物价惯性。

3. 利用行政手段和经济手段对价格进行控制

在经济体制转轨的过程中，市场机制尚未完善，市场交易行为不规范，价格机经常失灵，需要政府来干预价格，使各种产品的比价趋于合理，防止"欺诈价格"和不公平竞争，以维持物价的相对稳定。

4. 重视农业，增加农业的投入和农副产品的产出

对稳定物价有重要的作用。前面曾提到国民生产总值、农副产品价格和食品类价格有相同的周期，说明农业与国民经济发展和人民生活息息相关。因此，加强农业这个社会效益高而本身很脆弱且效益不高的产业，对稳定物价有重要的意义。农业丰收了，农副产品供应充足了，物价惯性才能有效地得到抑制。

5. 采取适度紧缩的财政政策

较紧的财政政策可以在一定程度上限制总需求膨胀，以减小物价涨幅。在财政支出中，大部分支出是社会消费和公共产品投资，这些支出易于控制。所以，财政政策可操作性较强，而且见效也比较快，能在一定程度上遏止物价的涨幅，降低物价惯性。

第二章 金融风险的基本理论

第一节 金融风险的含义特征与影响

一、金融风险的定义

（一）风险

风险的基本含义是损失的不确定性，是一个十分常见却又非常模糊的概念，截至目前，学术界对风险的定义主要有以下几种：

损失发生的可能性，该定义认为风险是一种面临损失的可能性状况，同时也说明了风险是在一定状况下的概率度，当损失机会（概率）是 0 或 1 时，相当于没有风险。

结果的不确定性，属于决策理论的定义，这种不确定性还可以分为客观的不确定性和主观的不确定性，客观的不确定性是预期结果与实际结果的离差，它可以使用统计学工具进行计量；主观的不确定性是个人对客观风险的评估，它与个人的知识经验、精神和心理状态有关系。

结果对期望的偏离，属于统计学的定义，风险是一种变量的波动性，用预期报酬的标准差、变异系数或其他系数（如 β 系数）来衡量，计量低于预期收益的下侧风险（损失），并将高于预期收益的上侧风险纳入风险计量框架，比较有代表性的模型是马柯维茨的均值——方差。

风险是受伤害或损失的危险，属于保险学界的定义，保险学界通常用风险来指所承保的损失原因。

通常来说，风险与不确定性之间联系密切，同样两者之间也存在差异，一些经济学家对其进行了分析。美国经济学家，芝加哥学派创始人奈特（Knight）在其《风险、不确定性及利润》中非常全面地分析了风险与不确定性之间的关系，奈特认为，如果一个经济行为者所面临的随机性可以用具体的数值概率来表述（这些概率可以像拿到彩票一样客观地确定，也可以反映自己的主观信念），那么，换句话说就是这种情况涉及风险，另外，要是该经济行为者对不同的可能事件不能（或没有）指定具体的概率值，就可以说这种情况涉及不确定性，他认为，风险是从事后角度来看的，由于不确定性因素而造成的损失。

（二）金融风险

金融是现代经济的核心，金融风险伴随着金融活动而产生，它是风险中最常见、最普通、影响最大的一类风险，因此金融风险成为风险管理的主要对象，金融风险兼具风险的共性和特殊的个性。一般而言，金融风险是指经济主体在金融活动中遭受损失的不确定性或可能性。金融风险与一般风险的概念区别十分明显，金融风险是从事资金的借贷、资金经营等金融活动所产生的风险。它看重的是结果的双重性，虽然会带来经济的损失，但是同时可以获得超额收益，既有消极影响，也有积极影响。因此，金融风险的含义比一般的风险多得多。

金融风险的产生与金融制度、金融参数（利率、汇率、商品价格等）、市场参与者有着密切的关系，金融市场中每个组成部分的波动都会造成金融活动结果的不确定性。

（三）与金融风险相关的术语

1. 风险因素

风险因素是指引起或增加因某种损失原因产生风险事故的潜在条件，风险因素包括实质性因素、道德因素与心理因素三种。

实质性因素是引起或增加损失机会的物质条件。

道德因素主要是由于个人的信用问题或不良企图故意促成风险事件的发生或扩大已发生风险事件的损失程度的因素。

心理因素是指由于人们主观上的疏忽或过失，导致风险事件的发生或扩大已发生风险事件的损失程度的因素。

2. 风险事件

风险事件是指在风险管理中直接或间接造成损失的事件，风险事件是风险发生的导火索。

3. 风险成本

风险成本是指由于存在风险而使得市场参与者承担的成本，风险成本主要分为两种：

直接成本：由于不确定性造成的资本、人员的损害，即发生损失的成本。

间接成本：这种成本不直接与交易相关，而是使交易者心理产生惶恐不安，间接造成资源配置不合理，导致成本的增加。

4. 金融危机

戈德史密斯（Goldsmith）给金融危机下的定义是："全部或大部分金融指标——短期

利率、资产（证券、房地产、土地）价格、商业破产数和金融机构倒闭数——急剧、短暂和超周期的恶化。"金融危机主要涉及银行危机、货币危机、债务危机、证券市场危机、保险危机。金融风险与金融危机从本质上来说没有区别，只有程度上的差异。金融危机是金融风险大面积、高强度的爆发，金融风险累积到一定的限度，就会演变成金融危机。在实际经济生活中，金融风险通常使金融处于一种严峻状态，金融风险与金融危机有时被混淆使用。

5. 金融安全

金融安全指的是一个国家具有保持金融体系稳定、维护正常金融秩序、抵御外部冲击的能力。金融安全是一种状态，在这种状态下，金融活动的参与者特别是存款人、投资者、被保险人的利益不会遭受巨大的损害，可以有效遏制来自外部的冲击引起金融动荡，保护国民财富不被大量的流失。大部分西方国家很早就建立起了维护金融安全的金融安全网。金融安全网通常包括最后贷款人制度和存款保险制度两项内容。

6. 金融稳定

金融稳定的含义丰富多彩，主要指的是通货稳定、金融机构稳定、金融市场稳定、汇率稳定、利率稳定等。金融稳定的目标具有多重性，金融稳定多重目标之间一般存在矛盾，如汇率稳定与通货稳定之间往往是矛盾的，为了维护汇率稳定，中央银行可能被迫从外汇市场上买入外汇，买入外汇必然增加央行的基础货币投放，基础货币投放过量，就很可能引起通货膨胀。金融稳定是相对而言的，金融不稳定是绝对的。

二、金融风险的成因

依据金融风险自身的特征，金融业之所以成为一个高风险行业，主要是因为它是一个以经营货币和信用为基础的行业，金融能够超越实际经济而发展，并逐渐向虚拟化发展；信用本身十分脆弱，任何信用链条的断裂都可能导致金融危机，随着金融体系从国内发展到国际，以及国际金融渗透到国内，由于国际金融体系缺少完善管理体系和最终贷款人，金融市场自身缺乏稳定性；由于信息的不对称性，又使金融工具和金融产品对实体经济有很强的敏感性，金融业的反应会十分强烈，而且政府的宏观经济政策、金融政策也对金融机构的经营状况产生重大的影响。在市场经济条件下，金融活动处于现代经济活动的中枢地位，金融体系的正常运行是市场经济发展的基本条件。金融业是以信用为基础的高风险行业，信用具有连锁效应，任何一家金融机构出现问题，通常会影响其他金融机构，甚至有可能引发整个金融体系的危机。同时，金融业又与整个社会经济存在着密切的联系，当金融体系出现系统风险时，往往涉及整个经济活动乃至社会生活，甚至会引起政治的动荡。

因此，金融风险的成因具有复杂性和多样性的特征。通过归纳总结主要有以下几种。

（一）货币资金运动与商品运动相脱节

金融资产表现为累积的货币或准货币。货币是一般等价物，是商品价值的一般代表，它是为方便商品交换而产生的交换媒介和流通手段。因此，货币作为流通手段的运动实际上只是商品本身的形式运动，货币资金的运动应是商品运动的反映，并受商品运动的制约。伴随着市场经济的不断深入发展，货币资金运动逐渐与商品运动相脱离。主要表现在：社会货币资金的规模已急剧扩大，资金运动形式多样化。现代资金市场如外汇市场、证券市场、期货市场等金融市场逐渐形成。新型金融商品和金融机构迅速发展，金融业成为一个庞大的、在国民经济中起重大作用的独立部门。货币金融资产的价值量及其增长速度远远高于商品市场的价值量及其增长速度，金融资产的交易额远远大于商品市场的交易额。

金融资产的产生进一步表明，货币资金的运动逐渐与商品运动相脱离。这种虚拟价值的资产由于没有与一定量的商品相联系，不受现实价值量的约束，因而其虚拟的价值量可以大幅度地上下波动。金融资产作为商品流通手段的货币资金虽然在性质和流通方式上具有不同，但其外在表现是一样的，代表的价值量和购买力是一样的，且在一定条件下是可以相互转化的，这就注定了它们必然会互相影响。大量的金融资产转变为商品流通手段，势必会引起货币流通量的增加和货币购买力的降低。而货币购买力的变动、货币流通及商品流通的变化也往往对金融资产价值的影响十分明显，由于金融资产虚拟的价值不受现实商品价值量的约束，金融资产价值量的变动幅度巨大，这导致了金融风险的产生。

（二）信用货币和虚拟经济繁荣盛行

在金本位体制条件下，货币资金的价值受黄金本身价值的约束，其波动的幅度是有限的。在布雷顿森林体系下，纸币与黄金挂钩，纸币所代表的价值量往往会受黄金价值量的制约，金融资产价值的波动幅度会受到限制。

布雷顿森林体系崩溃后，纸币与黄金彻底断绝了关系。纸币不再以黄金为基础，货币自身不再含有价值量，而只是成为价值的符号。因而货币所代表的价值量的变动也完全失去了制约，其变动幅度可能会是惊人的。纸币所代表的价值量的变动必然导致利率、汇率等金融市场参数的变动，从而引起连锁性反应，触发金融风险。现代货币的另一种形式是信用货币。

信用货币是直接从货币作为支付手段的职能中产生的，而由出售商品得到的债券本身又因债权的转移而流通。事实上，由于银行结算业务的发展，信用货币的绝对量要远远大于流通中的纸币量，特别是在发达国家，银行结算和信用卡的普遍使用使现实纸币的流通仅仅限于零星的商品买卖，信用货币成为现代货币的主体。信用货币表现为各种支票、汇票、本票和债券等，它们既是支付工具也是流通手段。现代银行网络的密布和电子信息、技术在结算业务中的应用，造成信用货币的广泛使用和信用货币量的极度膨胀。由于现代信用货币的结算业务高度地集中，结算机构的现实货币支付准备量被普遍地压缩在最低限度。在此情况下，一旦遇到经济衰退和商业危机，现金货币准备量不能满足支付需要，支付链条的某一环节就要发生断裂并发生连锁性反应，严重动摇信用基础，引起货币及信用的危机。

在金融理论中，我们通常把货币看成一种最简单的证券，其作用是储存价值，帮助价值在不同时间和空间之间的转换，所以它能产生的金融危机也最为简单。但是，随着股票、债券、期货、期权等更为复杂的证券市场来到现代社会，潜在金融危机的规模和广度也发生了根本性的变化。

20 世纪 70 年代以来，国际金融领域出现了虚拟资本数量急剧增长、虚拟资本表现形式增多、虚拟资本交易量扩大和经济虚拟化加强的情况。虚拟资本数量的急剧增长和经济虚拟化的发展很可能是经济高度发达、高度成熟的必然结果。虚拟经济的存在在一定时期内是有利于经济发展的，但是经济虚拟化常常引起过度投机、金融风险大量资本在博弈中浪费等问题。泡沫经济的破灭往往造成巨额财产损失，并可能引发连锁反应，对信用流通和生产造成伤害。

（三）全球经济的一体化

经济全球化和一体化是当代世界经济的重大特征。经济全球化是市场经济超国界发展的最高形式，20 世纪 40 年代后各国之间的商品关系进一步发展，各国在经济上更加相互依存，商品、服务、资本、技术、知识在国际上频繁流动，经济的全球化趋势表现得更加鲜明。

世界经济和金融市场的一体化使各国市场的依赖性和传导性增强，金融活动的全球化是当代资源在世界新配置和经济落后国家与地区跃进式发展的重要原因，以金融活动高度发达为特征的现代市场经济本身是高风险经济，包孕着金融危机的可能性。

随着国际信贷、投资大爆炸式地发展，其固有矛盾深化，金融危机必然会在那些制度不健全的、最薄弱的环节爆发。一国的信用安全常常被国际市场所冲击，国际游资规模正以惊人的速度扩大，这种投机性极强的短期资本在国际范围内的频繁流动严重影响着各国金融市场。行情的急涨急落极易加剧金融市场动荡，造成金融危机。

三、金融风险的分类

金融风险的种类十分多样化的，根据不同的标准，可以对金融风险进行分类。根据诱发风险的原因可以将金融风险划分成市场风险、信用风险、流动性风险、操作风险和法律风险；按能否分散可分为系统性风险和非系统性风险。

（一）按诱发金融风险的原因分类

1. 市场风险

市场风险指因股市价格、利率、汇率等的变动而导致价值遭受未预料到的潜在损失的风险。根据引发市场风险的市场因素不同，市场风险又可以具体划分为利率风险、汇率风险、股市风险和购买力风险等。

（1）利率风险

利率风险指的是各种利率水平的不确定性变动所带来的风险。

现如今世界大部分国家都已实行了利率的市场化，这就导致利率水平容易受到本国资金供求状况、国际金融市场资金供求状况、货币政策、经济活动水平、市场主体心理预期以及其他国家或地区利率水平等各种因素对其的影响。

（2）汇率风险

汇率风险指的是经济实体或个人在从事国际经济、贸易、金融等活动中，以外币计价的资产或负债因外汇汇率的变动，而引起的价值上升或下跌所造成损益的可能性。经济主体外汇资产和负债之间的差额称为外汇敞口头寸，汇率风险导致外汇敞口头寸价值的不确定性。

（3）股市风险

股市风险指的是由于证券市场的价格波动给投资者带来损益的可能性。企业经营状况、宏观经济环境、投资者心理等众多因素都会影响股票市场，其变动方向变幻莫测，投资者的利益容易受到影响。

（4）购买力风险

购买力风险也被称为"通货膨胀风险"，是指由于一般物价水平的不确定变动，而使人们遭受损失的可能性。由于通货膨胀，每单位货币购买力下降所带来的债权债务的实际价值发生变化风险。例如，通胀造成货币贬值给债权人带来的损失；紧缩使货币升值给债务人带来的损失。同时，通胀将影响投资者的实际持有收益率，在名义收益率一定的情况下，通货膨胀率越高，实际收益率越低。

2. 信用风险

信用风险也称为"违约风险"，是指金融市场主体未能履行约定契约中的义务而造成经济损失的风险，即受信人不能履行还本付息的责任而使授信人的预期收益与实际收益发生偏离的可能性，它属于金融风险中的一种。

信用风险与其他类型金融风险相比较有一个显著的特征，即信用风险不管在什么情况下都不可能产生意外的收益，它的后果只能是损失。交易对手的财务状况和风险状况是信用风险大小的主要取决因素。

3. 流动性风险

流动性风险是指由于金融市场缺乏充足的流动性或金融交易者的资金流动性不足而产生的风险。金融机构的流动性风险主要包括两种形式：市场/产品流动性风险和现金流/资金风险。前者是指无法在一般条件下对所持有金融商品进行变现以及对金融交易的余额进行清算时的风险。后者是指现金流不能满足债务支出的需求，这些机构就会提前清算，从而使账面上的潜在损失转化为实际损失，这些机构有可能因此破产。

4. 操作风险

操作风险是指金融机构缺乏健全的管理和内部控制制度又或者是这些制度的没有落到实处，违规经营甚至诈骗等人为错误而造成意外损失的风险。

在金融机构经营管理过程中，操作人员没有及时收到相关信息，或在信息传递过程中出现偏差，或是操作人员业务技能不高或出现偶然失误、道德风险等情况，这些因素都有可能导致损失。

5. 法律风险

法律风险是指在金融交易中，因合同不健全、法律解释的差异以及交易对象是否具备正当的法律行为能力等法律方面的因素所形成的风险，其主要包括合约的签署是否具有可执行性方面的问题和能否将自己的法律和监管责任以适当的方式转移出去的风险。

简单说来，法律风险就是由于法律或法规方面的原因而使企业的某些市场行为受到限制或合同不能正常执行而导致损失的风险。

（二）按能否分散划分

1. 系统性风险

系统性风险指对整个金融市场各类金融资产都产生影响的风险。系统性风险主要来源于宏观经济形势的变动、财政政策和货币政策的调整、政局的变化、汇率的波动、资金供求关系的变动等因素。由于这些因素来自企业外部，是单一证券无法抗拒和回避的，因此称为"不可回避风险"。这些共同的因素都会不同程度的对这些企业产生影响，不能通过多样化投资而分散，因此又称为不可分散风险。

政策风险、利率风险、购买力风险和汇率风险等这些都是系统风险。

2.非系统性风险

非系统性风险是指由仅影响个别经济主体的因素所导致的风险，这类风险只与个别经济主体有关，它来自企业内部的微观因素，而与整个市场没有必然关联，如单个股票价格同上市公司的经营业绩和重大事件密切相关。公司的股价走势会受到公司的经营管理、财务状况、市场销售、重大投资等因素变动的影响。

非系统性风险主要影响某一种证券，与市场的其他证券没有直接联系，投资者可以通过分散投资的方法，有效的抵消这种风险。非系统性风险因此也可称为"可分散风险"，经营风险、财务风险、信用风险和道德风险等风险都是非系统性风险。

四、金融风险的特征

（一）客观性

只要有金融业务活动存在，金融风险不会以人的意志为转移的。它的存在是必然的，百分之百无风险的金融业务在现实金融活动中存在的可能性为零。其客观性主要原因在于：一是市场经济主体的有限性。由于市场信息非对称性和主体对客观认识的有限性，市场经济主体做出的决策缺乏及时性和全面性，有时甚至是错误的，客观上导致经济运行中的风险产生；二是市场经济主体的机会主义倾向，人类的天性存在冒险精神和趋利避害动机，在运作的过程中会出现一些失信行为，如说谎、欺骗、违背承诺，利用制度、政策空子为自己谋取私利，导致金融风险发生的可能性增强；三是信用的中介性和对象的复杂性。

信用经济一方面是经济金融发展的产物，是经济发展水平的标志；另一方面把各种储蓄和实际投资分离成两个社会职能部门，这就导致信用关系从原始的期限结构、数量供求关系的一一对应，演变为互相交织、互相联运的关系，金融领域和实际经济领域分离加之信用对象的复杂性，这些都是现代金融风险产生的重要原因。

（二）可控性

尽管金融风险是客观的，但是金融风险是可控的。所谓金融风险可控性，是指市场经济主体通过制定一定方法、制度实现对风险的识别、预测、防范和化解。其依据是：首先，金融风险能够被识别、分析和预测。人们可以根据金融风险的性质、产生条件，辨别金融业务经营和管理过程产生损失的不利因素，为可控性提供前提。其次，人们借助概率统计以及现代化技术手段，为金融风险防范创造技术手段；最后，现代金融制度是金融风险防范的有效手段。

金融风险理论研究和相关管理工具的发展给管理金融风险提供了手段，金融制度是一组约束和调节金融关系的规则。正是这些金融制度建立、健全和创新发展，可以有效地约束金融行为主体的操作，进而把金融风险纳入可控的组织保证之中。

（三）扩散性

金融风险和其他经济相比有一个显著的特征，即金融机构的风险损失或失败，不仅影响自身的生存和发展，更突出的是导致众多储蓄者和投资者的损失或失败。主要原因有两点：一是金融机构作为储蓄与投资的中介机构，它一头连接着成千上万的储蓄者，另一头连接着众多的投资者，是投资者的总代表。金融经营管理的失败，势必会导致诸多储蓄者和投资的利益受到损失；二是金融业不仅向社会提供信用中介服务，还在很大程度上进行信用创造，即在保证存款支出兑付的同时，通过贷款可以创造派生存款。因此，金融风险对原生存款和初始投资都会产生影响，而且还具有数量倍数扩散的效应。把握金融风险特性，不能只从金融单一层面上认识，还要多层次全方位的去认识。

（四）潜在性

潜在性是指金融风险在不爆发金融危机或存款支付危机时，存在导致金融危机爆发的因素。其产生的原因有四点：其一，因信用有借有还，存款此存彼取，贷款此还彼借，导致许多损失或不利因素被这种信用循环所掩盖；其二，因银行具有信用货币发行和创造信用的功能，使得本属即期金融风险的后果，可能由通货膨胀、借新还旧、贷款还息来掩盖事实上的金融损失；其三，因银行垄断、政府干预，是一些初露端倪的风险，被人为地行政压抑所掩盖；其四，从业者主观因素或失信的经营方式，人为地掩盖金融风险。虽然潜在性可以在短期内为金融机构提供一些缓冲和弥补的机会，但终究不是金融风险控制和防范的有效机制。

（五）加速性

信用是金融的基础，金融机构作为融资中介，从实质上来看，其是由一个多边信用共同建立起来的信用网络。信用关系的原始借贷通过这一中介网络后，失去了原有的一一对应关系，而是相互交织、相互联动，不管哪个环节出现风险损失都有可能通过这个网络对其他环节产生影响；不管其中的哪个链条断裂，造成的风险都有可能非常大，甚至引发金融危机。

金融风险一旦爆发，传统经济领域中风险爆发只在既定范围内均速变动，它则不一样，会加速引爆信用风险。因为，一旦某些情况出现导致某笔或某几笔存款不能兑付时，存款越是兑付不了，去存款的可就会越来越少，反而会有更多的人去挤兑；挤兑的人越多存款的人就越少，兑付更加困难，从而形成"马太效应"。同时，越是贷款难以收回，就越是贷款周转困难，越是周转困难、越是贷款难以收回，就越是信用萎缩，由此形成一个恶性循环。一旦金融风险爆发，通常都具有突发性、加速性，直到金融危机产生。

（六）收益与风险的双重性

金融市场上，收益与风险通常都是并存，两者呈正相关关系。在风险存在的条件下，获取额外的收益这都是客观存在的。而且这种风险收益正是人们追求的目标，并激励人们勇于承担风险，富于竞争创新精神。金融风险的双重性特征，会给经济主体一种激励和约束作用，促使其资源可以有效配置。

五、金融风险对经济的影响

（一）金融风险对微观经济的影响

1. 金融风险的直接后果是可能给经济主体带来直接的经济损失

在我们日常生活中这样的例子非常之多。例如，投资者在认购股票后股价大跌；进行股价指数期货的炒作，指数与预期相反；买进外汇进行套汇或套利时，汇率下滑。这些情况都势必会给行为人的财产造成重大的损失。

2. 金融风险会给经济主体带来潜在的损失

例如，一家银行存在严重的信用风险，消费者势必会对存款的安全产生担忧，从而导致银行资金持续减少，业务萎缩；如果贸易对象不能及时支付企业债务，该企业的生产活动势必会受到影响；购买力风险不仅会导致实际收益率下降，而且会影响经济主体持有的货币余额的实际购买力等。

3. 金融风险影响着投资者的预期收益

金融风险与预期收益是呈正相关的，金融风险越小，则预示着未来收益越少；反之，金融风险越大，则预示着未来收益越高。

4. 金融风险增大了经营管理的成本

由于预期收益存在不确定性，经济主体为了规避风险，使风险降到最低，加大了收集信息、整理信息的工作量，也增大了收集信息、整理信息的难度，管理成本也会相应地增加，甚至由于对金融风险估计的不充分由此导致一些不该发生的损失。

5. 应付风险的各种准备金的设立，降低了资金利用率

由于金融风险的广泛性及其后果的严重性，金融机构不得不持有一定的风险准备金

来应付金融风险。对于银行等金融机构而言，由于流动性变化的不确定性，不能准确的安排备付金的数额，会造成大量资金闲置。另外，由于对金融风险的担忧，一些消费者和投资者通常都会持币观望一段时间，继而造成大量的社会资金被闲置，增大了机会成本，而降低了资金的利用率。

（二）金融风险对宏观经济的影响

1. 引起实际收益率、产出率、消费和投资的下降

例如，业主为降低投资风险，通常会选择一些风险较低的技术组合，这样产出率和实际收益率下降。同样，由于未来人的不确定性，个人未来财富有可能会出现较大的波动性，境况会相对变坏，而不得不改变其消费和投资决策。也就是消费者为了保证不影响未来的消费活动，总是保持较谨慎的消费行为；投资者会因为实际收益率下降和对资本安全的担忧，继而减少投资，导致整个社会的投资水平下降。

2. 造成产业结构畸形发展

由于金融风险的存在，使大量资源流向安全性较高的部门，既导致边际生产力的下降，就会引起资源配置失衡，导致一些重要的经济部门因此发展缓慢，形成经济结构中的"瓶颈"。

3. 引起金融市场秩序混乱

例如，一家银行因经营不善而倒闭会增大存款人对信用风险的警戒，可能触发银行信任危机，引起存款人大规模挤兑，最严重的后果就是金融制度的崩溃。

4. 对宏观经济政策制定和实施的影响

金融风险影响着宏观经济政策的制定和实施，它既增加了宏观政策制定的难度，又削减了宏观政策的效果。从宏观政策的制定来看，由于金融风险导致市场供求的经常性变动，政府难以及时、准确地掌握社会总供给和总需求状况，以做出决策，而且金融风险常导致决策滞后；在政策的传导过程中，金融风险将使传导机制中某些重要环节（如利率、信用或流动性等）出现障碍，从而导致政策效果出现偏差；从宏观经济的作用和效果来看，各经济主体为了回避风险，总是尽可能充分地利用有用的信息，并以此为依据，对未来的政策及其可能产生的效果做出判断，采取相应的措施来加以对付，这就使政府的政策难以达到预期效果。

5. 金融风险影响着一个国家的国际收支

金融风险直接影响着国际经贸活动和金融活动的进行和发展。首先，汇率的上升或下降影响着商品的进出口总额，关系着一个国家的贸易收支；其次，利率风险大、通货膨胀严重、国家风险大等原因造成投资环境差，会使外国人减少对本国的投资和其他交往，导致各种劳务收入的减少。另外，金融风险也影响着资本的流入和流出。

第二节　金融风险计量

一、信用风险计量

（一）风险暴露分类

商业银行应该根据本行的实际情况，制定符合本行需要的风险暴露分类的管理政策和程序，确定风险暴露分类的标准和流程。在内部评级法下，商业银行的风险暴露分类通常可以分为六大类——主权类、金融机构类（含银行类和非银行类）、公司类（含中小企业、专业贷款和一般公司）、零售类（含个人住房抵押贷款、合格循环零售和其他零售）、股权类和其他类（含购入应收款及资产证券化），具体叙述如下。

1. 主权风险暴露

主权风险暴露是指对主权国家或经济实体区域及其中央银行、公共部门实体，以及多边开发银行、国际清算银行和国际货币基金组织等的债权。

2. 金融机构风险暴露

金融机构风险暴露是指商业银行对金融机构的债权。根据金融机构的不同属性，一般可以分为两大类——银行类金融机构风险暴露和非银行类金融机构风险暴露。

3. 公司风险暴露

公司风险暴露是指商业银行对公司、合伙制企和独资企业及其他非自然人的债权，但不包括对主权、金融机构和纳入零售风险暴露的企业的债权。根据债务人类型及其风险特征，公司风险暴露又可以具体的划分为中小企业风险暴露、专业贷款和一般公司风险暴露。其中，中小企业风险暴露是指商业银行对年营业收入（近3年营业收入的算术平均值）不超过3亿元人民币企业的债权。

专业贷款是指公司风险暴露中同时具有如下特征的债权：

①债务人一般是一个专门为实物资产融资或运作实物资产而设立的特殊目的实体。

②债务人通常没有其他实质性资产或业务，除了从被融资资产中获得的收入外，不具有独立偿还债务的能力。

③合同安排给予贷款银行对融资形成的资产及其所产生的收入有相当程度的控制权。

专业贷款又可以详细的划分四类——项目融资、物品融资、商品融资和产生收入的房地产贷款。

公司风险暴露一般是指中小企业风险暴露和专业贷款之外的其他公司风险暴露。

4. 零售风险暴露

零售风险暴露需要同时具备如下三个特征：

①债务人是一个或几个自然人。

③按照组合方式进行管理。

零售风险暴露分为个人住房抵押贷款、合格循环零售风险暴露、其他零售风险暴露三大类。以下是对各类别定义的具体阐述：

个人住房抵押贷款：以购买个人住房为目的并以所购房产为抵押的贷款。

合格循环零售风险暴露：每种无担保的个人循环贷款。合格循环零售风险暴露中对单一客户最大信贷余额不能超过100万元人民币。

其他零售风险暴露：除个人住房抵押贷款和合格循环零售风险暴露之外的其他对自然人的债权。尤其是对于同时符合以下三个条件的微型和小型企业，可以归入其他零售风险暴露：①企业符合同家相关部门规定的微型和小型企业认定标准；②商业银行对单家企业（或企业集团）的风险暴露不超过500万元；③商业银行对单家企业（或企业集团）的风险暴露占本行信用风险暴露总额的比例低于0.5%。

5. 股权风险暴露

股权风险暴露是指商业银行直接或间接持有的股东权益。纳入股权风险暴露的金融工具需要符合以下三种标准：

①持有该项金融工具获取收益的主要来源是未来资本利得，而不是随时间所产生的收益。

②该项金融工具不可赎回，不属于发行方的债务。

③对发行方资产或收入具有剩余索取权。

6. 其他风险暴露

其他风险暴露一般会涉及购入应收账款和资产证券化风险暴露。其中，购入应收款风险暴露又可以划分为合格购入公司应收款和合格购入零售应收款。资产证券化风险暴露是指商业银行因从事资产证券化业务而形成的表内外风险暴露，包括但不限于资产支持证券、住房抵押贷款证券、信用增级、流动性便利、利率或货币互换、信用衍生工具和分档次抵补等。

（二）信用风险计量模型

1.信用级别转移矩阵

贷款信用风险的计量模型有两种不同的思路。第一种认为贷款只存在违约和不违约两种状态；第二种认为贷款除了违约状态以外，不违约状态又因借款人所处信用级别的不同而存在许多中间状态。根据第一种思路建立的计量模型称为违约模式模型，也称为两状态模型；依据后一种思路建立的计量模型称为盯市模式模型，也称为多状态模型。

信用计量术模型要计算贷款的 VaR 值，属于一种盯市模式模型，它所计量的是在不同时点上，由于借款人信用等级变化而使贷款价值发生的变化。因此，借款人的信用级别转移矩阵，是应用信用计量术模型的基础。

假设借款人在研究期期初属于 BBB 级，那么该借款人在研究期期末可能仍然处于 BBB 级，也有可能是处于 AAA 级到 D 级（违约）其中的任何一个级别，但处于每个级别的概率是有差异的。将期初各个级别的借款人在期末时保持原级别或转移到其他级别的概率列成一个表，就是信用级别转移矩阵。

借款人的信用级别转移概率，可以通过观察历史数据得到的企业信用级别转移资料而计算出来。标准普尔、穆迪等信用评级机构，每年都会定期发布信用级别转移矩阵。

2.估计贷款的价值

一笔贷款实质上是一系列未来现金流的承诺，它的价值相当于这些未来现金流的现值。由于未来现金流的现值是由未来现金流的时间、金额及贴现率等因素决定的，因此可以用价值波动性来衡量一笔贷款的信用风险。未来现金流的时间和金额主要取决于研究期期末贷款是否违约：如果贷款违约，那么，现金流的时间就是研究期期末，而现金流的金额就是借款人违约时贷款的回收额（回收率与贷款暴露的乘积）；如果贷款不违约，那么，现金流的时间和金额均由贷款合同事先确定。贴现率则取决于研究期期末借款人所处的信用级别，即取决于信用级别转移矩阵。因此，应从两个方面去研究估计贷款的价值。

二、市场风险计量

（一）基本概念

1.名义价值

名义价值是指金融资产根据历史成本所反映的账面价值。在市场风险管理过程中，由于利率、汇率等市场价格因素变幻莫测，名义价值通常不含有实质性的含义。其对风险管理有两方面的意义：一是在金融资产的买卖实现后，衡量交易方在该笔交易中的盈亏情况；二是作为初始价格，通过模型从理论上计算金融资产的现值，为交易活动提供参考数据。在市场风险计量与监测的过程中更具有实质意义的是市场价值与公允价值。

2. 市场价值

根据国际评估准则委员会（IVSC）发布的国际评估准则，市场价值主要指的是在评估基准日，自愿的买卖双方在知情、谨慎、非强迫的情况下通过公平交易资产所获得的资产的预期价值。在风险管理实践中，市场价值大部分是来自独立经纪商的市场公开报价或权威机构发布的市场分析报告。

3. 公允价值

国际会计准则委员会（IASB）建议企业资产使用公允价值为基础记账。国际会计准则委员会将公允价值定义为：公允价值为交易双方在公平交易中可接受的资产或债权价值。与市场价值相比，公允价值的定义更广、更概括。在更多的情况下，市场价值可以代表公允价值。但是如果没有证据表明资产交易市场存在，公允价值可通过收益法或成本法来获得。

4. 市值重估

市值重估是指对交易账户头寸重新估算其市场价值，市值重估应当由与前台相独立的中台、后台、财务会计部门或其他相关职能部门或人员负责，用于重估的定价因素应当从独立于前台的渠道获取或者经过独立的验证，前台、中台、后台、财务会计部门、市场风险管理部门等用于估值的方法和假设最好可以保持一致，再出现差异的时候，可以根据需要制定并使用一定的校对、调整方法。

（二）市场风险计量的传统方法

1. 敏感度法

敏感度法属于商业银行市场风险计量方法中的其中之一，敏感度法属于比较传统的方法，目前的应用范围还非常广泛，其基本思想是：假如一个特定的风险因子发生一定比例的变动（如利率下降 100 个基点），投资组合价值将会增加或减少多少？敏感度法主要被应用在计量利率风险的缺口分析和久期分析。

（1）缺口分析

缺口分析，又被称为"融资缺口分析"或"敏感性缺口分析"，是衡量利率变动对银行当期净利息收入影响的一种方法。

①利率敏感性资产与负债

缺口分析的基础是确定利率敏感性资产和利率敏感性负债。利率敏感性资产，是指在给定时间段内重新定价，从而利率的变动会影响其利息收入的资产；利率敏感性负债，是指在给定期限内重新定价，从而利率的变动会影响其利息支出的负债，只要在给定时间内具备以下条件之一的资产或负债就属于敏感性资产或负债：到期；本金偿还；浮动利率的资产或负债，即利率依据合同规定发生调整，或者因为基准利率或指数的变化而自动发生变化。

②利率敏感性缺口，

缺口分析的具体方法，是将银行的所有生息资产和付息负债按照重新定价的期限划分到不同的时间段（如 1 个月以下、1～3 个月、3 个月～1 年、1～5 年、5 年以上等），在每个时间段内，将利率敏感性资产减去利率敏感性负债，就可以得到该时间段内的重新定价"缺口"（敏感性缺），以该缺口乘以假定的利率变动，即得出这一利率变动对净利息收入变动的影响，缺口主要分为以下三种：

正缺口：是某一时段内的利率敏感性资产大于利率敏感性负债而形成的缺口，因此，也称为"资产敏感型缺口"，此时，倘若市场利率下降，利率敏感性资产所减少的利息收入大于利率敏感性负债所减少的利息支出，所以，银行的净利息收入会下降。

负缺口：是某一时段内的利率敏感性负债大于利率敏感性资产而形成的缺口，因此，又称为"负债敏感型缺口"。此时，倘若市场利率上升，利率敏感性负债所增加的利息支出大于利率敏感性资产所增加的利息收入，因此，银行的净利息收入会下降。

零缺口：在某一时段内的利率敏感性资产正好等于利率敏感性负债，此时，对银行净利息收入不受市场利率的变动的影响，因此，也称为"免疫缺口"。

（2）久期分析

利率的变化不但会对银行资产的利息收入和负债的利息成本产生影响，银行净收益产生也会受到影响，并且银行资产和负债的市场价值同样会受到影响，进而对银行的经济价值产生影响，缺口分析只考虑了前者，而久期分析正是分析利率变化对银行经济价值影响程度的方法。

①久期的概念

久期，也称持续期，是以未来收益的现值为权重所计算的未来现金流的平均到期期限，主要是用来衡量金融工具的有效到期期限，久期概念的最早提出者是麦考利。因此，久期又常常被被称为"麦考利久期"，其计算公式为：

$$D = \frac{\sum\limits_{n}^{t=1}\dfrac{tC_t}{(1+i)^t} + \dfrac{nF}{(1+i)^n}}{\sum\limits_{n}^{t=1}\dfrac{C_t}{(1+i)^t} + \dfrac{F}{(1+i)^n}}$$ （公式2-1）

其中，D 为久期；t 为该金融工具现金流量所发生的时间；C_t 为第 t 期的现金流；F 为该金融工具的面值或到期日价值；n 为到期期限；i 是当前的市场利率。

久期有以下几个特征。

①久期与市场利率成反比关系，如果市场利率下降而久期就会上升，反之市场利率的上升而久期就会下降。

②在持有期间不支付利息或者不偿还本金的金融工具，其久期等于到期期限或偿还期限。

③属于分期付息或偿还本金的金融工具，其久期总是短于偿还期限。

④金融工具到期期限越长，其久期也越长。

⑤金融工具到期前产生的现金流量越大，其久期越短。

实际上，公式2-1中的分母正是该金融工具的市场价值，因此，久期公式又可表示为：

$$D = \frac{\sum\limits_{n}^{t=1}\dfrac{tC_t}{(1+i)^t} + \dfrac{nF}{(1+i)^n}}{p}$$ （公式2-2）

其中，p 表示该金融工具的市场价值或价格。

经过推导公式2-2，我们可以得到：

$$\frac{\Delta p}{p} = -D\frac{\Delta i}{1+i}$$ （公式2-3）

即债券价格变化与市场利率变化成反比关系。因此，久期又直接衡量了金融工具的利率风险，久期越长，对利率变动就越敏感，利率风险就越大。

同时，久期还有一个重要特点，即一个资产组合中不同资产的久期可以以加权方式直接相加，权重为各项资产所占比例，结果即为整个资产组合的平均久期，例如，一家银行的资产包括10亿元贷款和8亿元证券，贷款的久期为36年，而证券的久期为24年，那么，该银行整个资产组合的平均久期为307年。

②久期缺口

利率的变动会同时影响银行资产和负债的市场价值。比如，利率的上升，会使资产和负债的市场价值均下降，但作为两者市场价值差额的银行经济价值的最终变动方向，则取决于两者变化的相对程度，久期缺口正是衡量利率变化对银行经济价值具体影响的指标。

银行的净资产价值（NW）等于其资产价值（A）减去其负资产的价值（L），即

$$NW = A - L \qquad （公式2-4）$$

当市场利率发生变动时，银行资产和负债的价值也随之发生变化，从而导致银行的净资产价值也相应发生变化：

$$\Delta NW = \Delta A - \Delta L \qquad （公式2-5）$$

根据久期可以直接相加的原理，我们首先计算出每笔资产和每笔负债的久期，然后根据每笔资产或负债在总资产或总负债中的比例，最后计算出银行总资产 DA 和总负债的加权平均久期 DL。

根据公式（2-3）可知：

$$\frac{\Delta A}{A} = -D_A \frac{\Delta i}{1+i}$$

$$\frac{\Delta L}{L} = -D_L \frac{\Delta i}{1+i}$$

于是可得：

$$\Delta A = -D_A \frac{\Delta i}{1+i} A, \Delta L = -D_L \frac{\Delta i}{1+i} L$$

将上式代入公式（2-4）：

$$\Delta NW = \Delta A - \Delta L = -D_A \frac{\Delta i}{1+i} A - \left(-D_L \frac{\Delta i}{1+i} L \right)$$

整理得到：

$$\frac{\Delta NW}{A} = -\left(D_A - D_L \frac{L}{A} \right) \frac{\Delta i}{1+i} \qquad （公式2-6）$$

公式（2-6）中的 $D_A - D_L \dfrac{L}{A}$ 就是久期缺口，即：

久期缺口＝资产平均久期 – 负债平均久期 ×（总负债 / 总资产）或

$$DGAP = D_A - \mu D_L \qquad （公式2-7）$$

其中，μ 为负债与资产的比率系数。由于负债总是小于资产的，因 $\mu < 1$。

公式（2-6）表明，久期缺口可用来衡量银行总体利率风险的大就越大，银行所承受的总体利率风险就越大；反之则越小。

2. 风险价值

（1）风险价值的基本概念

风险价值是指在一定的持有期和给定的置信水平下，利率、汇率、股票价格和商品价格等市场风险要素发生变化时可能对产品头寸或组合造成的潜在最大损失，例如，在持有期为 1 天、置信水平为 99% 的情况下，若所计算的风险价值为 1 万美元，则表明该资产组合在 1 天后的发生 1 万美元以上损失的可能性不会超过 1%。但是 VaR 并不是即将发生的真实损失；VaR 也不意味着可能发生的最大损失。

VaR 值是对未来损失风险的事前预测，考虑不同的风险因素、不同投资组合（产品）之间风险分散化效应，具有传统计量方法不具备的特性和优势，已经成为业界和监管部门计量监控市场风险的主要手段，VaR 值的局限性包括无法预测尾部极端损失情况、单边市场走势极端情况、市场非流动性因素。

（2）计量 VaR 值的方法

商业银行可以根据实际情况自主选择 VaR 值计量方法，包括但不限于方差——协方差法、历史模拟法、蒙特卡罗模拟法等。

三、操作风险计量

（一）操作风险基本概念

按照发生的频率和损失大小，巴塞尔委员会将操作风险大致分为七大类。

第一类为内部欺诈，由机构内部人员参与的诈骗、盗用资产、违犯法律以及公司的规章制度的行为。

第二类为外部欺诈：第三方的诈骗、盗用资产、违犯法律的行为。

第三类为雇用合同以及工作状况带来的风险事件，由于不履行合同，或者不符合劳动健康、安全法规所引起的赔偿要求。

第四类为客户、产品以及商业行为引起的风险事件，有意或无意造成的没有达到客户的特定需求，或者是由于产品的性质、设计问题造成的失误。

第五类为有形资产的损失，由灾难性事件或其他事件引起的有形资产的损坏或损失。

第六类为经营中断和系统出错，例如，软件或者硬件错误、通信问题以及设备老化。

第七类为涉及执行、交割以及交易过程管理的风险事件，例如，交易失败、与合作伙伴的合作失败、交易数据输入错误、不完备的法律文件、未经批准访问客户账户，以及卖方纠纷等。

（二）操作风险计量传统方法

1. 自上而下法

自上而下法试图在最广泛的层面上，即用企业层次或行业层次的数据来计量操作风险，通过估计经济变量（如股票价格回报、收入和成本）的变异程度中外部宏观因素没有解释的部分，自上而下法依据上述因素，就可以对不完善的内部程序所造成的总体影响做出评估，一般情况下，自上而下法计量风险的方法的主要取决于收入波动性、资本资产定价模型和参数计量，评估的结果将用于决定缓释风险所需预留的资本量，并将资本在各业务单位之间分配。

自上而下法的一个重要特征就是操作风险管理是集中进行的，通常由一个风险管理小组来负责，这样有利于对风险和发生的事件进行集中分析，另外，自上而下法在评估操作风险时并没有区分发生频率高、损失程度低的损失事件和频率低、损失程度高的事件，且分别进行不同的处理，这是因为自上而下的操作评估法依靠都是历史数据，而历史数据自身无法证明其究竟是属于低频高损事件还是高频低损事件，因此此方法会有明显的滞后性。

自上而下法假定金融机构会暴露在直接损失和间接损失之下，为了便于分析，可以对风险进行分类，相应的风险事件可以根据不同的风险种类进行分组，风险事件主要会涉及产品（订单）延迟传递、协调方面的失误、沟通失败、未经授权的交易、不正当的定价、记录错误等方面。

根据评估方法的不同自上而下法还可以分为定性和定量两种，定性的自上而下法偏重于使用很多风险指标来评估公司的风险，这些指标包括业绩指标和控制指标，业绩指标主要是用来计量经营方面的不足，如客户投诉、交易失败以及人员流动等，控制指标主要是用来计量内部控制的效力，如未授权的交易、坏账数目等，结合业绩指标和控制指标就构成了风险指标体系。

定量的自上而下法运用量化方法对风险进行计量，主要包括以下几个方面。

（1）结合每天的交易对收入的波动性进行计量，但要排除市场风险因素的影响。

（2）评估商业风险，商业风险是由于收入变动和固定（变动）费用所占比例的变动引起的经营收入的波动性。

（3）评估事件风险，事件风险是指由于经营过程引起的直接财务损失，例如，为一个灾害事件建立偶发事件方案的费用以及事后恢复费用。

2. 自下而上法

自下而上法是从单个业务单位或者从业务流程的层面入手，之后将计量结果汇总，用以判断机构所面临的风险程度，该方法在分析操作风险时会评估各个业务单位的操作风险，这样就可以区分发生频率高、损失程度低的损失事件和发生频率低、损失程度高的事件并分类进行处理，通过将各种相互关系建模，自下而上法可以说明采用新的操作风险控制措施的潜在效果，因此，自下而上法可以诊断出特定经营过程中出现的问题，并提出改进建议，故而自下而上法具有前瞻性，和自上而下法相比较就会显得比较复杂，并且需要更加深层的数据。

自下而上法更偏重于识别造成公司损失的原因及来源，为了实施自下而上法的分析，金融机构必须首先对业务流程进行分类，区分出核心业务流程，核心业务流程是支持金融机构战略目标和使命的必要流程，金融业务流程还可以根据情况再向下分解成二级流程三级流程，或是更多流程，如此就可以识别出各个业务流程所对应的风险暴露，之后，对相应的子事件进行更加详细的分析，以识别这些事件对公司实施战略目标能力的影响，以及这些事件会给公司或是企业造成的损失程度。

自下而上法根据评估方法的不同样可以分为定性和定量两种。

定性的自下而上法使用与定性的自上而下法相同的指标对操作风险进行计量，二者的差异在于，自下而上法注重损失发生的原因，而不仅仅是关注损失指标的数值评估中，公司必须把重点放在业绩指标上。

定量的自下而上法又可以具体的划分为模拟法和内部因果模型。

模拟法：量化模拟模型可以模拟现实世界的情况，这样，就可以得到经营过程的模型，以便预测损失发生的可能性。

内部因果模型：这一类型的建模涉及建立不同损失事件的联合概率分布，由此就可以得出预期损失和非预期损失发生的概率。

第三章 金融机构风险管理分析框架

第一节 资金的充足性

在学界和业界，有关资本充足率在银行内部的作用、资本监管与银行风险行为的关系、资本监管与宏观经济的关系以及我国的资本监管改革这几个话题均进行了一定的探讨。

一、资本监管和资本充足率的概念

监管资本是指监管当局制定的金融机构需持有的最低资本水平，资本分为核心资本和附属资本，监管当局对实际资本水平低于最低资本水平的金融机构进行惩罚。资本监管是监管当局为检查金融机构资本是否符合规定而进行的审查和监督活动以及处理行为等一系列监管行为的总称。

资本充足率是银行持有的资本与风险加权资产的比例，这里所谓的资本是指银行稳定的自有资产或股权，可供银行发生破产危机或挤兑时偿还；银行资本从法律的角度来说就是银行拥有并能使用和支配的资本，是银行开展商业活动必须拥有的资金，包括自有资本和吸入资本，自有资本是指银行的股权资本，吸入资本是银行从外部筹集的资金。银行资本分为三种形式：会计资本、经济资本和监管资本。会计资本是从会计的角度分析银行账面的价值，其价值还会随着经济环境和资本市场需求的变化而发生变化。经济资本也称为风险资本，是银行为预防非预期损失和维持正常经营所需要持有的资本，其值等于银行在一定的置信水平下（如99%），一定时间内（如一年），为了弥补银行的非预计损失所需计提的资本。监管资本是监管机构为防止银行风险过度累计，在法律上规定银行应该持有的资本，从监管机构角度来说，一般设置的监管资本会与经济资本接近，太高的监管资本则不利于银行经营发展，而过低的监管资本则导致银行不能有效防范非预期损失。会计资本、经济资本和监管资本三者之间的大小并没有绝对的答案，一般情况下，会计资本会大于经济资本和监管资本，但在银行持续经营不善或破产的情况下会出现会计资本小于经济资本的情形。监管资本与经济资本两者之间的大小比较，可能因每个银行的实际情况而异，从理论上来说监管资本的设计会大于等于经济资本，这样银行才能维持正常经营的条件，有足够的能力防止非预期损失的出现。但毕竟监管资本的设计是简单的指标比率计算，可能监管机构所设计的资本要求会低于银行应有的经济资本。我们所说的资本充足率所提到的资本是监管资本的概念。

从监管资本角度分析，随着金融市场的变化和发展，监管机构对监管资本的定义和要求也随之发生了变化。目前，按全球比较权威的巴塞尔委员会标准，监管资本分为了核心资本和附属资本，核心资本即一级储备，包括实收股本和公开储备。实收股本又包括普通股和优先股，公开储备包括一般储备、资本溢价和未分配利润。附属资本也即二级资本，由准备金、次级债券、混合资本工具、非公开储备和重估储备构成，混合资本工具指兼有股权和债券的资本工具，可以在不需要偿付的条件下承担损失并维持经营；非公开储备是指未在公开账户上显示，并被监管当局所认可的储备，可以在特殊情况下弥补银行损失或破产偿还；重估储备主要是指对银行资产价值重新估值获得的增值部分，比如固定资产公允价值与账面价值之间的差值。

银行风险加权资产又分为表内风险加权资产和表外风险加权资产，表内的风险加权资产被分为四大类，并根据其流动性、安全性等特点，赋予了不同资本相应风险加权比例，一般分为 0、20%、50%、100% 四个档次，并以此来确定表内风险加权资产的值。表外风险加权资产的确定，则根据相应的表外业务信用转换系数进行转换，此系数是根据表外业务所承担的信用风险状况来确定的，用来衡量表内外业务相互转换的风险情况。

二、资本充足率在银行内部的作用

资本充足率是反映银行竞争力的核心指标，也是资本监管的焦点。MM 理论认为，在一个完全竞争的、无摩擦的、信息完全的世界中，公司价值与资本结构无关。但是在现实世界中，由于存在着摩擦等因素，银行的价值是与资本结构密切相关的。

（一）资本充足率与资本比率

在资本充足率的研究中，学者比较关心的问题是实施资本监管是否会促使银行提高资本比率。20 世纪 80 年代，美联储和货币监理署对他们所监管的银行提出了一系列非正式的资本充足率标准，可以说是资本监管的前身。然而监管者非正式的资本监管是否能对银行的行为产生显著的影响，学者们有不同的观点。不论是从资本增加的角度进行的回归分析还是运用局部调整回归方法对资本充足率的研究，大多数学者可以证明在实行资本监管后，资本充足率不足的银行比资本充足率相对较好的银行更多地提升了资本比率，但对于资本充足率的提出是否增加银行的资本比率，学者们没有达成共识。

（二）资本充足率与流动性

关于流动性对资本水平的影响，主要有两种理论上的解释：一是金融脆弱、挤压假说；另一种是流动性创造理论。根据金融脆弱、挤压假说，银行从储户吸收存款，然后贷给借款人。通过监测借款人，银行获得了评估借款人盈利能力的私人信息。然而，这种信息的优势产生了代理问题，银行为了获得更高的贷款利息收入，将会向储户提出更高的要求，如果储户拒绝付出更高的成本代价，银行将不会尽全力去监测借款人。储户知道银行可能会不尽全力，他们就不愿意将钱存入银行。银行通过获得大部分流动性存款的金融脆弱结构来获得储户的信任。因此，金融脆弱性理论支持了流动性创造理论，即银行会吸收更多的存款，同时发放更多的贷款。

流动性创造理论是指银行吸收的资金往往流动性较好，而放贷的资金流动性较差，这种流动性错配的功能就是流动性创造。这时，更高的资本将减轻金融的脆弱性和增强银行的议价能力，减少了银行的流动性创造。另外，更高的资本还能通过挤压效应减少银行的流动性创造。在第二种假设下，更高的资本会增强银行的流动性创造。流动性创造增强了银行的风险暴露，而更高的资本水平能让银行吸收更高的风险，因此增强了银行的流动性创造。然而，从国内外研究成果看，针对资本与流动性创造的关系尚未形成统一意见，也是值得继续研究的话题。

（三）资本充足率与银行经营

关于资本充足率与银行盈利关系的研究，可以通过两种不同的理论逻辑解释。资本充足率强的银行，具有较好的资本缓存能力和较强的损失吸收能力，因此破产概率降低，同时这种银行能赢得储户的信任，从而增加利润；从另外一种角度看，资本充足率高的银行，由于财务杠杆的限制，更高的资本需要筹集更多的资金以及更高的资金成本，从而降低利润。因此，资本充足性和银行盈利关系的研究结论尚未达成共识。

三、资本监管与银行风险行为

资本监管与银行风险行为历来是学者们研究的重点。学者们主要从资产组合选择、信息不对称与道德风险、异质性银行等角度论述了资本监管与银行风险行为的相关理论。然而在这一问题上，学者们并没有达成统一的认识。

在实证研究方面，资本管制对银行风险影响的结论也不尽相同。一些研究认为实施《巴塞尔资本协议》后，银行总体风险有所增加，而部分研究结论表明资本管制能够减轻银行风险，还有一些研究结论认为资本管制对银行风险的影响是不确定的。

四、资本监管与宏观经济

资本监管对宏观经济产生影响，也会影响单个银行和银行体系的安全与稳定。资本监管在影响单个银行和整个银行体系风险行为以及资产负债业务的同时，也同样会广泛地影响经济体系。银行资本监管会对实体经济的产出和价格形成冲击，同时资本要求的结构也会在相当程度上影响货币政策的传导机制。

（一）资本监管与顺周期性

《新巴塞尔资本协议》在提高监管资本对银行面临的风险的敏感性的同时，客观上可能会促使银行体系的贷款投放行为放大经济周期，加剧经济波动，对经济发展产生严重的负面效应，这就是资本监管的顺周期性问题。顺周期性是风险敏感银行资本要求的缺陷，在经济衰退时会使银行资本要求增加，进而减弱银行贷款能力，而在经济过热时反而会减少银行资本要求，增加银行信贷能力，这样会进一步加剧经济周期的波动。在风险资本的管制要求下，最低资本要求将根据银行资产的风险程度而发生变化。由于银行资产的风险程度与宏观经济有关，因此就产生了顺周期性的问题。由于顺周期性会增加整个经济体系的波动，如何减弱资本监管所带来的顺周期性是一个重要的问题。

（二）资本监管与宏观经济产出

在资本监管的研究中，一个很重要的方面是资本监管是否会对实体经济产生影响。当银行受到资本充足率的限制时，会降低经济体中的信贷供给，企业融资难度加大，融资成本提高，因此会对宏观经济产出产生不利的影响。

已有一些研究表明，资本的约束会对宏观经济产出有影响。另外，由于资本充足率可以通过信贷影响宏观经济，因此，通过研究银行信贷来研究资本充足率对宏观经济的影响，也是在资本充足率这一问题上值得探讨的重要方面。

第二节　风险因子分析及管理

金融机构经营的本质在于承担风险、管理风险和获取风险收益，准确识别、计量与管理其所承担的风险对金融机构的稳健运营而言十分重要。根据《巴塞尔资本协议》的框架，金融机构主要面临的三大风险为市场风险、信用风险和操作风险。此外，金融机构面临的风险还包括流动性风险、法律风险、声誉风险、战略风险等。在金融危机过后，从金融机构间关联度的角度关注风险的研究增多，系统性风险也逐渐成为各国金融监管当局所关注的重点。而随着各类风险的关联度不断增强，从机构整体出发，基于金融机构经营和风险管理的全面风险管理理念和技术也逐步推行。巴塞尔委员会等监管机构已出台一系列文件，规范各类风险的管理和监管。

一、信用风险管理

信用风险是金融机构面临的最古老的风险，尤其是商业银行，从一开始其最基本的职能之一就是向市场提供信用，是经营信用风险的企业。以信用衍生产品的诞生和信用计量模型的出现为标志，金融机构信用风险管理进入了几乎可以体现所有现代风险管理理念和技术的快速发展轨道，尤其是以风险计量、定价、对冲和资本配置为中心的现代信用组合管理正在各大金融机构迅速兴起。

（一）信用风险管理程序

传统上，信用风险管理的发展一直以制度和流程建设为中心，巴塞委员会在总结各国信用风险管理实践的基础上，发布了《信用风险管理原则》，提出一个综合性的信用风险管理程序：①建立一个恰当的信用风险环境；②在一个健全的授信程序下运营；③保持一个恰当的信贷管理、计量和监测程序；④确保充分控制信用风险。这些实践同时也可以结合资产质量的评估、拨备与资本储备的充足性和信用风险的披露这些工具加以运用。

（二）信用风险资本计量

《新巴塞尔资本协议》在基本保持资本协议信用风险监管资本计量的基础上，对实践中存在的缺陷进行了适度的改进，主要目的是通过采用复杂的资本和风险计量方法提高监管资本对于银行实际风险水平的敏感度，从而促使银行在维持与其风险和管理水平相适应的资本金水平的同时加强风险管理。具体体现在《新巴塞尔资本协议》提出了适应不同风险管理水平的资本计量方法，包括简单的标准计量法和信用风险内部评级法，后者又有初级法与高级法两种方法可供选择。

标准法计算信用风险监管资本涉及五个步骤：确定外部评级，根据评级结果使用相应的风险权重，确定风险暴露，用风险暴露乘以风险权重得出风险加权资产，用风险加权资产乘以监管资本比例就是监管资本数量。在标准法下，外部评级机构就特定的债项或者债务人给出评级结果，监管当局负责将评级结果映射成相应的风险权重。

内部评级法是指通过银行内部对交易对象和风险的评估，测算部分或全部风险要素值，来确定信用风险资本要求的方法。与标准法相比，内部评级法考虑了银行之间的风险差异和风险管理水平的差异，对银行信用风险因子具有更高的敏感度，对提高监管资本对风险的敏感度具有重要作用。《新巴塞尔协议》提出了一个循序渐进的内部评级法框架，包括"内部评级初级法"和"内部评级高级法"。内部评级法的构成框架由四部分组成：一是风险暴露资产类型的划分；二是风险要素的估计或规定；三是每种风险暴露的风险权重函数和资本要求；四是银行采用内部评级法必须满足的最低要求。

二、市场风险管理

巴塞尔协议下的市场风险管理框架明确要求银行要针对市场风险使用资本以规避市场价格波动引起的资产负债表内和表外头寸可能出现亏损的风险。在计算银行资本充足率时，要求银行将其表内外项目分成交易账户项目和银行账户项目。

（一）交易账户市场风险管理

巴塞尔委员会对交易账户项目，提出了两种风险测定的方法：标准法和内部模型法。其中内部模型法是指各国商业银行直接运用内部计量市场风险的模型来衡量银行的市场风险，再以此为基础计算市场风险的资本要求。

此外，巴塞尔委员会制定了一系列定性标准和定量标准，以使得各国商业银行的内部计量模型具有足够的透明度和可比性。定性标准包括银行应有独立的风险管理部门，这个部门每天负责编写风险分析报告，并与业务部门独立，直接向董事会或高级管理层汇报；银行应设立一个有关风险测定模型的压力测试程序，检测在极端条件下银行的风险承受能力等等。定量标准包括要求银行每天计算在险价值（VaR）；模型要求采用99%的置信水平；计算在险价值的时间区间应不少于10个交易日等。

（二）银行账户市场风险管理

对于银行账户的利率风险，《新巴塞尔协议》规定：计量利率风险时，应考虑银行各项实际利率头寸，并考虑所有相关的重新定价和到期日数据信息。这些信息一般包括：各种金融工具、资产组合的余额和合同利率，本金支付，利率重新定价日，期限，利率可调项目中用于重新定价和确定合同利率上、下限的利率表等。利率风险计量系统还应建立有关假设和技术的完整文档。《巴塞尔协议》还规定，不管银行使用哪种计量系统，也无论其复杂程度如何，银行管理层都应确保系统的有效性和完整性，这是由于计量系统的质量和可靠性主要取决于数据质量和模型假设合理性。

三、流动性风险管理

流动性风险与偿付能力风险一样，均是金融机构所面临的最古老的风险。然而巴塞尔委员会自 1988 年以来，主要关注的风险为信用风险、市场风险和操作风险。流动性风险由于管理较为复杂，前沿实践较少，在其管理方面国际上一直没有达成共识，这类风险也没有引起监管机构的足够重视。金融危机使得巴塞尔委员会开始重视流动性风险的独特性和流动性监管的重要性，尤其是认识到银行的流动性风险在市场繁荣时期很容易被忽视，而在市场危机时期却很容易导致银行的倒闭和资本监管的失败。《巴塞尔资本协议Ⅲ》将最低流动性要求纳入监管框架，使之与最低资本要求相结合，并列为全球银行监管的两大最低要求和标准。

（一）流动性风险监管标准

为了加强流动性风险监管的一致性，巴塞尔委员会提出了两个流动性风险监管标准：一是流动性覆盖率（LCR）；二是净稳定资金比率（NSFR）。

流动性覆盖率（LCR），国际上又称贝尔斯登比率，用于确定在监管部门设定的短期严重压力情景下，一个银行所持有的优质的、无变现障碍的流动性资产的数量，以便应对资金净流出。这一监管标准的目标是要确保单个银行在监管当局设定的流动性严重压力情景下，能够将优质且无变现障碍的资产保持在一个合理的水平，这些资产可以通过及时变现来满足银行未来 30 天的流动性需求。

净稳定资金比率（NSFR），国际上又称北岩银行比率，用于衡量金融机构所能获得长期、稳定资金与为了应对表外负债和承诺的潜在或偶然需求而需要增加的流动性这两者之间的比例，即可用的稳定资金（ASF）与业务所需的稳定资金（RSF）之间的比率。NSFR 的目标是要促进银行使用更长期的结构性资金来源以支持资产负债表内、表外风险暴露和资本市场业务活动，从而使金融机构的资产和业务融资更趋于中长期化。

（二）流动性风险监测工具

巴塞尔委员会还提出了以下指标作为上述两个监管标准的辅助监测工具，包括合同错配期限、融资集中度、可用的无变现障碍资产以及其他一些市场相关的监测工具等。这些工具涉及银行的现金流、资产负债结构、抵押资产以及市场指标等主要信息，基本上反映了银行的基本特征以及整体流动性状况。因此，监管机构可以通过这些工具更加充分地了解银行的基本信息，从而更加准确地对银行的流动性风险进行评估。

四、操作风险管理

对金融机构而言，操作风险与信用风险一样是最古老的风险之一，但直到 20 世纪 90 年代初，操作风险管理也只是融入金融机构的一般管理活动之中，远没有达到信用风险和市场风险那样的专业化和专门化管理的程度。然而，近年来操作风险显然已经成为全球金融界一个非常流行的词汇，操作风险管理的兴起也成为全球金融界一个重要的现象。

操作风险管理在全球金融界的兴起主要有三方面原因。首先，20 世纪 90 年代以来金融业的迅速发展导致金融机构面临的操作风险越来越普遍。其次，金融机构在管理实践中认识到操作风险实际上是许多业务损失的来源，操作风险是一种独立的风险类型，对其管理也应该有独立的制度、流程和方法。最后，针对金融机构的内部控制、合规管理和操作风险管理的相关法律法规的出台，推动了金融机构的操作风险管理。

在《新巴塞尔资本协议》的框架下，操作风险被定义为由不完善或有问题的内部程序、人员及系统或外部事件所造成损失的风险，其中包括法律风险，但不包括战略风险和声誉风险。巴塞尔协议针对操作风险管理提出了管理框架和资本计量要求。

（一）操作风险管理框架

操作风险管理基本框架是站在整个金融机构的角度，为有效管理来自金融机构各项业务和管理活动中的操作风险而对风险管理的关键要素进行的自上而下的基本安排，如风险治理和环境、风险管理组织体系和基本流程等。根据巴塞尔委员会发布的《健全的操作风险管理原则》中的描述，操作风险管理框架的政策应明晰以下内容：

（1）构建操作风险的治理结构，包括报告机制和责任机制；

（2）描述风险评估工具和使用方法；

（3）描述银行已有的操作风险状况、可接受的内生风险和残余风险容忍度和已批准的风险缓释策略和工具；

（4）描述银行确定和监控内生风险和残余风险限度的方法；

（5）建立风险报告和信息管理系统；

（6）提供操作风险管理的规则制度，保证风险识别、风险评级和风险管理目标的一致性；

（7）独立审核和评估操作风险；

（8）当银行的操作风险状况发生重大变化时，变更政策。

（二）操作风险资本计量

为了确保不同规模和复杂程度的银行可以根据自身的特点选择适当的操作风险计量方法，巴塞尔委员会在《新巴塞尔资本协议》规定了三种方法：基本指标法、标准法和高级计量法（AMA）。其中，基本指标法和标准法是两种较为简易的方法，适用于操作风险较低的银行，其规定的操作风险资本要求相当于某项特定风险计量值的固定比率；

AMA 则是风险敏感度更高的一种计量方法，国际活跃银行和操作风险大的银行一般要求采用该方法。对于使用 AMA 的银行，监管机构应该允许其使用自己的方法来评估操作风险，这样就为银行开发计算操作风险的方法提供了充分的灵活性。

五、系统性风险管理

系统性风险是相对个体风险的一个概念，是指金融风险从一个机构传递到多家机构、从一个市场蔓延到多个市场，从而威胁整个金融体系的安全和稳定，并影响服务经济功能正常发挥的可能性，一般具有突发性、传染性、系统性、损害性和外部性的特征。

金融危机使系统性风险再次凸显，国际社会普遍认识到，对单个金融机构的监管虽然非常必要，但却不能确保整个金融体系的稳定，于是宏观审慎监管的重要性得到国际社会前所未有的关注。国际社会对系统性风险和宏观审慎监管日益增长的重视。

度量系统性风险，特别是单个机构对系统性风险的边际贡献，是宏观审慎监管实施与校准审慎监管工具的关键。对系统性风险的衡量首先应该识别单个系统重要性机构或一个系统重要性的群体对金融体系的系统性风险，即对其他机构可能产生的负的溢出效应。其次，对风险的测量应该认识到风险是在金融机构内部的不平衡和泡沫时期逐渐积累起来的，只有在危机期间才会得到释放，因此，主要依赖同期价格活动的高频率的风险测量可能存在误导性和顺周期性。目前，对系统性度量的指标主要有三种：CoVaR 方法、系统性风险指标法和 Shapley Value 方法。

（二）宏观审慎监管

从巴塞尔委员会的国际监管标准，到各国的金融改革实践，宏观审慎监管工具主要集中在逆周期和系统重要性金融机构监管两个方面。

1. 逆周期工具

目前可以选择的工具包括前瞻性拨备和逆周期资本缓冲等。所谓前瞻性拨备，指银行在经济上行期多计提拨备，用于抵御预期损失，在经济下行期使用上行期计提的拨备应对贷款损失，这样就实现了在经济上行期控制银行信贷扩张，在经济下行期防止银行紧缩信贷，达到熨平经济周期的作用。逆周期资本缓冲则是通过使用资本缓冲的方法，在信贷水平快速增长（同时也是系统性风险快速增长）的阶段起到保护整个银行业的作用。

2. 系统重要性金融机构的监管

对大型机构的差别化监管可以通过提升监管要求来实现，比如选择资本附加等。对于系统重要性金融机构的判断，按照国际惯例，可以通过金融机构的规模、与其他机构的相互联系、其在市场中是否可替代来界定。

六、全面风险管理

全面风险管理（ERM）是现代风险管理的最新发展，其主要始于20世纪90年代中后期，主要原因是随着金融自由化和经济全球化的深入发展，金融机构面临的风险因素更加复杂化和多样化，以单一的方式管理公司所面对的各类风险已经不能满足需要。因此，企业不能仅仅从某个部门、某项业务的角度考虑风险，必须根据风险组合的观点，从企业整体角度看风险。于是产生了全面风险管理概念的创立，其发展的推动力主要包括以下几个方面：

第一，《新巴塞尔资本协议》首次将操作风险纳入资本监管框架更形成了全面风险管理发展的推动力。《新巴塞尔资本协议》将市场风险和操作风险纳入资本约束的范围，改变了《巴塞尔资本协议》只关注单一风险因素（信用风险）的监管框架，提高了资本对风险的敏感性，提出了资本充足率要求、监管部门监督检查和市场披露三大监管支柱，蕴含了全面风险管理的理念。

第二，ERM框架有三个维度：第一维是企业的目标；第二维是全面风险管理要素；第三维是企业的各个层级。第一维企业的目标有四个，即战略目标、经营目标、报告目标和合规目标。第二维全面风险管理要素有8个，即内部环境、目标设定、事件识别、风险评估、风险对策、控制活动、信息和交流、监控。第三维是企业的层级，包括整个企业、各职能部门、各条业务线及下属各子公司。ERM三个维度的关系是，全面风险管理的8个要素都是为企业的四个目标服务的；企业各个层级都要坚持同样的四个目标；每个层次都必须从以上8个方面进行风险管理。三个维度有机地结合在一起，就构成了进行全面风险管理的管理架构。

现代金融机构的全面风险管理强调两个基本层面的含义：一是风险管理要覆盖全面的风险因素，这些因素来自不同风险种类（信用、市场、操作、流动性及其他风险）、不同地理区域、不同业务部门和不同的管理层面；二是强调应该站在机构整体的角度对这些风险因素进行全面的汇总和整合。这种汇总和整合本质上强调的是针对风险重叠的处理（如操作风险与市场和信用风险的重叠，市场与信用风险的重叠等）以及针对风险相关性的处理和组合投资多样化分散风险的效用。为全面风险整合管理创造条件的是覆盖整个金融机构的风险管理体系和以统一货币单位量化风险并在各风险因素间具有可加性的 VaR 风险量化技术，前者提供了组织制度保障，后者提供了全面统一衡量和整合风险的技术条件。

第三节　风险转移

新常态下的金融改革将会真正打破金融机构垒大户、同质化和粗放式的经营模式，鼓励金融创新，而金融创新在给金融机构带来新风险的同时，也会促进风险管理的发展。尤其在 20 世纪 80 年代后，随着资产证券化和金融衍生工具的发展，风险转移在一些国家内部开始大规模进行，金融机构通过风险转移以达到对风险进行优化配置的目的。金融机构通过衍生工具交易，可以转移并重新配置利率风险、汇率风险和信用风险等。在这其中，信用风险作为主要由商业银行持有，而正向对冲基金、保险公司等非银行金融机构转移的风险，在各类风险中尤其值得关注。贷款出售、资产证券化、信用衍生品等信用风险转移工具也是各类金融机构主要使用的风险转移工具，在金融市场中发展迅速。

在金融危机中，信用风险转移机制一直被当作罪魁祸首，更加引起了国内外学术界的探讨。信用风险转移（CRT）是指金融机构，一般是指商业银行通过各种金融工具将信用风险转移到其他金融机构的过程。在信用风险转移市场中，把信用风险转移出去的金融机构（主要是商业银行）被称为信用风险出售者（或者是保护购买者、被保险者），接受信用风险的金融机构被称为信用风险购买者（或者是保护出售者、保证人）。信用风险转移市场的出现，使得银行等金融机构不仅仅是资产的拥有者，而且是资产的组织者和分配者。信用风险转移是金融机构的主动行为，它有利于银行分散风险、获得融资、提高资本流动性，但也会使银行失去对客户的监控激励，强化银行的道德风险，增加金融市场中的风险，并通过彼此之间的高度关联将风险传染到整个金融系统。

一、金融风险转移工具的分类

在 20 世纪 90 年代初期，可以交易的风险转移工具较少。随着资产证券化工具和信用衍生品的出现，风险转移市场规模迅速扩张。总体来看，主要的风险转移工具包括贷款出售、资产证券化和信用衍生品。贷款出售和资产证券化是传统的信用风险转移工具，发展的时间较长且相对成熟，而信用衍生品发展相对较晚，但在金融危机前的发展速度惊人，在金融危机后却坠崖式地跌到了谷底。

（一）贷款出售

传统上，商业银行会将发放的贷款持有到期，承担整个过程中的信用风险，这不仅占用了银行大量的资本金，而且加大了银行的风险敞口，而贷款出售解决了这一问题。

从理论文献和实践经验来看，贷款出售是指放贷银行将所有的权利与义务转让给另一个金融机构（贷款购买者），从而建立起贷款购买者和原借款人之间的新的借贷关系，放贷银行和原借款人的借贷关系终止。贷款出售分为转让、更新和分享三类。前两类与以上所定义的贷款出售的概念相符，而后一类类似于贷款证券化，我们将其归入资产证券化的范畴。

（二）资产证券化

资产证券化起源于 20 世纪 60 年代末美国的住房抵押贷款市场。资产证券化的定义有广义和狭义之分。广义的资产证券化是指借款者和储蓄者可以通过金融市场得以部分或者全部匹配的过程，在这个过程中，开放的市场信誉（通过金融市场）取代了由金融中介机构提供的封闭的市场信誉。从广义的资产证券化定义可以得出，一切以证券为媒介进行投融资的方式均是资产证券化过程。而美国证券交易委员（SEC）则给出了狭义的资产证券化定义：由一组应收账款或者其他金融资产构成的资产池作为现金流支持，并通过条款确保资产在一个限定的时间内转换成现金以及拥有必要权力的产权凭证。在实践中，资产证券化的过程是指发起人将缺乏流动性，但是有未来现金流收入的标的资产出售给特设机构（SPV），在破产隔离制度和信用增级技术的支持下，特设机构以基础资产现金流为支撑发行新的证券进行融资。

按照资产池的构成不同，资产证券化产品可以分为资产支持证券（ABS）、抵押贷款支持证券（MBS）、担保债务证券（CDO）和混合 CDO，其中 MBS 又可以分为商业地产抵押担保证券（CMBS）和住宅抵押担保证券（RMBS），CDO 又可以分为担保贷款凭证（CLO）和抵押债务凭证（CBO）。

（三）信用衍生品

根据 ISDA 的定义，信用衍生品是指一种场外的双边合约，其价值是从基础信用工具衍生而来，在这一合约下，双方同意互换商定的或者是根据公式计算确定的现金流，现金流的确定依赖于预先设定的未来一段时间信用事件的发生。由于信用衍生品是一种非融资型的、场外的信用风险转移工具，它能使信用风险更具流动性和交易性。

从 20 世纪 90 年代信用衍生品诞生以来，其年增长速度不断上升，特别是从 21 世纪开始，信用衍生品呈几何倍数增长。信用衍生品的快速增长拓宽了商业银行的风险分担途径，使得大量风险高、质量差的贷款组合的信用风险得到转移。此外，发达的二级市场使得信用衍生品的交易更加频繁，风险传递更加迅速。

二、金融风险转移的动机

金融市场的参与者买卖风险有多种原因。风险转移的动机不仅与金融监管有关，也与金融机构自身的经营目标密切相关。从已有研究来看，金融监管体现在当局对金融机构的融资约束和资本约束上，融资和资本约束促使金融机构通过信用风险转移拓宽融资渠道，获得金融资源。另外，银行自身的放贷需求和盈利目标促使银行选择信用风险转移工具，这有利于银行通过扩大放贷规模实现盈利。

三、金融风险转移与金融稳定性

整个金融系统的稳定性不仅与金融市场参与主体的行为有关，也与整个行业（体系）的风险积聚密切相关。由于金融创新导致金融系统中各行业间的关联度越来越高，金融稳定性离不开对整个金融系统性风险的考量和监控。因此，就风险转移与金融稳定性的关系而言，应从风险转移对银行个体风险的影响、对银行体系风险的影响和对系统性风险的影响三个维度进行探讨。

（一）金融风险转移对银行个体风险的影响

大量的文献对风险转移与银行个体风险的关系进行了研究。早期的研究文献倾向于认为信用风险转移会减少银行个体风险，因为从定义来看，信用风险转移就是将信用风险转移出去的过程，必然会减少银行个体的风险，但是近年来越来越多的研究文献认为，信用风险转移会减少银行对贷款客户的审核和监督，增加道德风险，从而加大了银行个体风险。因此，关于信用风险转移对银行个体风险的影响有待于进一步研究。

（二）金融风险转移对银行体系风险的影响

即使风险转移不会增加银行个体风险，但也有可能增加整个银行体系的风险水平。这是因为资产证券化会使银行摆脱自身特有的风险暴露（例如与它们贷款领域相关的特有风险），但绝大部分银行会同时在 CDS 市场中买入和卖出信用风险，从而增强了银行间的相关性和同时发生损失的概率，产生银行体系风险。

（三）金融风险转移对系统性风险的影响

国外文献普遍认为，风险转移会增加系统性风险。资产证券化会通过两个途径增加系统性风险：一是当风险被转移给不受监管的市场参与者时，整个经济体覆盖这些风险的资本就会减少；二是当风险被转移给其他银行时，银行间的连接就会增加，从而系统性风险在金融系统中传染的机会就会增加，进而使系统性风险增加。此外，有的文献认为风险转移可能会通过弱化货币政策的传导机制，间接造成金融系统的不稳定。这是因为资产证券化提高了流动性，弱化了货币政策对银行可贷资金量的影响，从而弱化了货币政策的效果，使系统性风险难以得到有效管理。

国内文献从多个视角研究了风险转移对金融系统稳定性的影响：①信用风险转移对金融系统稳定性的作用路径：信贷市场基础产品创新导致了金融体系信用风险承担总量的增加，资本市场衍生产品创新导致了信用风险由信贷领域转移到资本市场，进而传导到更加广泛的投资者，风险承担和转移成了现代金融创新的核心内容，而这有可能加大系统性风险和金融危机的传染效应。②商业银行的逆向选择和道德风险问题极易对信用风险转移市场产生消极影响，从而不利于金融系统的稳定性。③根据信息对称与否得到了两种结论：理想的信用风险转移有利于提高金融稳定和效率，不会对金融体系造成系统性威胁；但信息不对称和监管的低效将导致风险的不适度集中、风险定价不准确以及缺乏透明度等问题，这将给金融稳定带来负面影响。

四、金融风险转移工具的运行机制

风险转移的理念最早起源于商业银行，在传统商业银行的业务发展领域，商业银行发放的贷款流动性较差，银行承担了相当程度的信用风险。随着金融创新尤其是资产证券化业务的不断发展，风险转移市场也在不断创新，券商、保险公司、对冲基金等金融市场主体也开始进入风险转移市场。金融风险转移工具经历了从传统到现代的发展历程，经过了传统风险转移工具、资产证券化产品、信用衍生产品三个发展阶段。目前，市场上发展规模最大并应用广泛的两类工具是资产证券化产品和信用衍生产品，我们将从理论视角介绍这两类风险转移工具的运行机制。

（一）资产证券化的机制设计

在存在信息不对称的情况下，道德风险会阻碍信息的直接传递。因此，在金融市场的融资过程中，由于信息不对称的存在，优质项目由于信息无法有效传递给投资者，而投资者总是基于有限信息给出较低的价格，使得"柠檬市场"出现，导致优质项目往往难以获得融资。基于这样的问题，有学者通过建立金融中介模型，得出当企业家表现出对自有项目的投资意愿时，则成为向投资者传递项目质量信息的信号。在这一经典理论的基础上，如何克服资产证券化过程中信息不对称所导致的道德风险和逆向选择问题，建立最优资产证券化结构成了研究的重点。

我国资产证券化发展特点有以下四个方面：第一，采用多轮审慎试点，资产证券化至今仍然不是商业银行的常规化业务。第二，基础资产集中于优质公司贷款，抵押贷款、个人贷款等西方常用的贷款形式并未广泛纳入我国资产证券化中。第三，交易结构简单透明，与欧美结构化产品"发起——分销"模式相比，我国资产证券化试点多为信贷资产出表型资产支持证券。第四，资产证券化的投资者以商业银行为主，市场吸引力有待提升。

总体而言，我国资产证券化的发展还处于初级阶段，无论是制度建设、市场规模，还是产品设计、运行机制，都还需要进一步的深化与发展。

（二）信用衍生品的运行机制

在信用风险管理领域，相较于贷款出售和资产证券化品，信用衍生品发展的时间并不是很长，最早也是起源于20世纪90年代初期日本信孚银行的设计。但在次贷危机尤其是金融危机以后，关于信用衍生品的研究开始逐渐增多，尤其是对于CDS在金融危机中积极和消极助推作用引起广泛的争议和讨论，学术界也开始重点关注信用衍生品在风险转移方面的运行机制和分散效应研究。从近几年国内外的研究成果来看，研究视角主要集中在以下几个方面：首先，有许多学者在市场发展规模和相关市场管理制度方面进行研究，以期从制度和法律的视角对信用衍生品市场进行更好的管理；其次，从估值和产品定价的角度，有专注于资产定价领域的学者对CDS等一系列信用衍生品的定价和结构组成进行细致研究；最后，是对信用衍生品的效率研究，从宏微观两个视角出发。宏观视角侧重于探究信用衍生品对于金融体系的效率影响，尤其是资本市场和商业银行等主体。微观视角则聚焦于市场参与主体，对于贷款参与方和风险转移接收方的效率影响。

第四节　风险治理

风险治理作为公司治理中的重要方面，对于金融机构管理风险和稳定运营而言具有重要意义。公司治理是指股东大会、董事会、监事会、高级管理层、股东及其他利益相关者之间的相互关系，包括组织架构、职责边界、履职要求等治理制衡机制，以及决策、执行、监督、激励约束等治理运行机制。良好的公司治理应包括如下特征：①健全的组织架构；②清晰的职责边界；③科学的发展战略、价值准则与良好的社会责任；④有效的风险管理与内部控制；⑤合理的激励约束机制；⑥完善的信息披露制度。该文件同时对公司治理结构中各个角色的责任做出了规定，并将风险管理和内部控制作为公司治理的重要组成部分，对风险管理委员会和风险管理部门的各项职责进行了说明。

从国内外的学术研究和实践经验来看，风险治理结构与金融机构面临风险的关系、薪酬激励制度与金融机构面临风险的关系、风险偏好管理等话题均值得进一步研究。此外,由于我国公司治理结构的特殊性,对我国风险治理的探索也是学界和业界讨论的重点。

一、公司治理结构与金融机构风险承担

(一)风险治理结构与金融机构的风险和绩效

有学者提出了一种风险文化假说,即一家金融机构的业务运行模式很难改变,尤其是在这种模式获得成功后,更加强了这家机构的风险文化,因此,一些机构特定的文化特点可能会决定这家机构所承担的风险。由此看出,拥有不同风险治理结构和风险文化的金融机构,对其可能承担的风险具有较大的影响。从国内外的研究成果来看,拥有良好的风险治理结构的确会使金融机构拥有更好的绩效、更高的公司价值和更高的股票收益。

从风险管理的角度,同样有学者研究表明,拥有良好风险治理结构的公司也面临更低的风险,从而获得更好的绩效收益,这一点在危机时期金融机构的表现中体现得十分突出。通过研究金融危机期间银行的风险治理特征,发现拥有更好风险治理结构的银行在金融危机期间拥有更好的绩效,尤其是拥有更好报告制度的机构,即首席风险官(CRO)直接向董事会报告的机构,这一点更为突出。同时,他们发现危机期间银行的绩效和其标准的公司治理变量并没有显著的关系,这一发现突出了风险治理结构在提高公司绩效方面的重要作用。

(二)公司治理结构与金融机构的风险和绩效

一些学者在对公司治理结构尤其是董事会结构进行探讨时,发现公司治理结构与金融机构风险承担的关系和风险治理结构与金融机构风险承担的关系并不一致。他们通过研究金融机构的治理结构和其在金融危机期间的表现,发现具有良好公司治理结构的金融机构可能会在危机中表现更差。针对这一现象,一些学者也提出了合理的解释,即公司治理越完善的机构,越倾向于最大化股东的利润,因此会提高其承受风险的水平。

针对金融机构公司治理结构和风险承担行为的关系,国内学者主要从股权集中度、董事会规模、特许权价值等角度展开研究,并分别研究这几方面与金融机构风险承担行为的关系。①从政府持股的角度,以中小银行为样本,研究了政府作为股东对银行风险承担的影响,发现政府作为股东而对银行董事会的参与显著减少了银行的风险承担;②从股权集中度的角度,股权集中度会对银行风险承担行为产生显著影响,其中第一大股东持股比例与银行承担的风险呈正相关,而前五大股东持股比例与承担的风险呈负相关。

非上市流通股比例、董事会规模、独立董事比例和薪酬前三名高管的平均薪酬均与银行承担的风险呈负相关。③从特许权价值的角度，通过研究 34 家国内商业银行的数据也发现了类似的结论，即在未上市的城市商业银行中，第一大股东持股比例与银行承担风险呈正相关，而前 10 大股东持股比例与银行承担的风险呈负相关。同时高管持股可以显著增强银行的风险承担行为，但独立董事规模对风险影响不显著。④分析了公司治理机制中的不同因素与银行风险承担的关系，并发现这些因素会对银行承担的风险产生不同的影响，其中大股东控制力、独立董事比例、资本充足率、特许权价值、资产规模和财务杠杆与银行所承担的风险呈正相关，而董事会和监事会规模与银行所承担的风险呈负相关。

二、薪酬激励制度与金融机构风险承担

作为公司治理的重要方面，高管的薪酬激励也曾被认为是金融机构承担过度风险，从而导致金融危机爆发的重要原因之一。针对这一话题，国内外学者也进行了较为丰富的探讨，在一些方面的意见尚未形成统一。

从 CEO 的股权激励机制和金融机构风险承担行为之间关系的角度，已有许多研究表明高管的股权激励与其风险承担行为呈正相关关系。①金融机构中杠杆的作用要比非金融机构明显得多，并基于此提出，金融机构中 CEO 的薪酬激励代表了股东对于增加机构风险的偏好。②由于金融监管逐步放松，大大增加了金融机构的投资机会，因此规模较大的金融机构对于 CEO 的股权激励也逐渐增加，同时也伴随着机构所承担风险的增加。针对高管薪酬机制和其风险承担行为的理论机制探讨：①分析了金融机构高管薪酬激励与其努力程度和冒险行为的关联机制，发现资产选择对高管的努力存在替代效应，在线性激励的存在下，可能会导致无关性的结果，从而造成努力不足；同时由于资产泡沫的存在，高管易出现过度冒险行为。因此，在设计激励制度的时候，需考虑努力不足和过度冒险这两个问题，而只增加激励强度会增加高管的冒险行为，而不会有效提高其努力水平，同时由于市场泡沫的存在，金融机构的冒险行为还易加大系统性风险，应注意防范。②通过建立理论模型，考量了外部管制和内部公司治理与银行风险承担行为的关系，结果表明在中国存在隐性存款保险的情况下，银行的股东在选择所承担的风险水平时有过度冒险倾向。而股东的风险偏好与杠杆率监管有一定的关系，同时管理者的风险倾向在一定程度上依赖于对于投资者的法律保护力度。而银行的最终风险承担决策与外部监管环境和内部公司治理结构均有一定的关系。

然而同时有一些学者的研究表明，高管薪酬与金融机构承担风险的行为并没有明显

的关系，甚至存在一定的负相关关系。①研究了金融危机时期银行的绩效表现，发现并没有明显的证据表明金融危机爆发与银行 CEO 的薪酬制度有关。② CEO 薪酬结构与银行特定的风险度量或风险行为之间的关系并不显著，高管的期权和红利与风险变量呈不显著关系或负相关关系。

我国金融机构高管的薪酬激励制度相比西方而言，具有较大的特殊性。我国金融机构高管薪酬主要构成为基本薪酬和业绩薪酬，而较少应用西方的如股票期权激励和股权激励等长期激励方式，并且我国金融机构高管的在职消费和隐性福利占比较高，并且有着关乎行政级别的晋升机制，因此我国金融机构高管的薪酬结构与西方相比有着较大的差异。我国上市商业银行高管薪酬分为权力薪酬、激励薪酬和操作薪酬三类，银行高管的薪酬激励与系统性风险呈显著正相关关系，而期限错配是风险的主要传导渠道，应据此适当调整银行高管薪酬结构，强化风险治理。

此外，也有研究表明高管离职补偿金的水平与金融机构运营中所承担的风险呈正相关关系。而非高管员工的薪酬与金融机构所承担的风险同样有关。

三、风险偏好管理

建立有效的风险偏好框架也是金融机构风险治理的重要方面。一个合适的风险偏好框架应当确保机构中各个业务线以及法人都将风险容量、风险偏好、风险限额和风险轮廓纳入考虑范围之内，并做到自身的风险偏好陈述与机构整体风险偏好相一致。在采用风险偏好框架时还需要根据风险暴露程度的大小、复杂程度的高低进行调整。这一过程可以由金融机构和监管者共同商量制定，并与整体风险评估相符合。

风险偏好是金融机构在实现战略目标过程中愿意且能够承担的风险数量和种类，实质上是金融机构战略和风险策略管理的具体体现。构建良好的风险偏好框架是建设稳健的全面风险管理体系的重要内容之一，进而对风险偏好的定义、作用、设置和传导角度做出分析。研究表明，风险偏好实质上是银行战略在风险管理的具体体现，因而也可称为风险战略，构建良好的风险偏好框架是建设稳健的全面风险管理体系的重要内容之一。风险偏好管理包括指标选取、取值量化、偏好传导和反馈，是一个动态过程，应当成为风险管理的主线。要实现良好的银行战略管理，风险偏好应纳入银行战略层面统筹考虑，要实现风险偏好指标设定的全面性和差异化的统一，保证风险偏好的有效传导和实施成为落实风险战略的重点，将风险偏好与银行的风险管理文化相融合。

四、完善我国金融风险治理的探讨

由于我国金融发展尚不完善，公司治理水平与国外先进金融机构相比尚存一定差距，同时公司治理中也存在行政化色彩较浓等特点，因此我国金融风险治理相较于国外而言存在一定的特殊性。国内学者针对我国金融机构公司治理的不同方面提出了一些探讨和建议。

（一）完善风险治理结构

在全面分析我国商业银行所面临的信用风险、市场风险、流动性风险、操作风险、法律风险和声誉风险的基础上，我国商业银行应当建立产权明晰的公司治理结构，包括公司的价值准则等行为标准及实施体系、明确的计量贡献的政策、清晰的职责权限、各项机构之间的交流合作机制、有力的内部控制体系、对可能产生利益冲突风险暴露的参与人进行特殊管理、科学的激励机制和信息流动机制，同时要建立完善的内部控制体系。银行的风险控制机制包括组织形式、公司治理、风险管理、内部控制和合规功能，并且外部监管（外部审计）、信息披露等外部变量也会影响风险控制效果。对我国商业银行而言，风险控制的目标应做到产权结构明晰、公司治理良好、风险管理健全、内部控制有效、合规功能到位。我国商业银行公司治理结构中存在人事制度行政化特征明显、总分支机构"内部人控制"、缺乏合理的激励制度等问题，因此，在风险管理机制方面，应建立包含董事会、风险管理委员会、高级管理层、风险管理部、各部门合规专员和稽核审计部的全面风险管理组织架构，同时制定并严格落实风险管理机制各项政策，包括全面风险管理、业务办法和建立风险文化相关措施，还要完善内部激励机制、高管约束与监督机制。

（二）完善薪酬激励制度

从高管薪酬的角度，《商业银行稳健薪酬监管指引》中对银行管理人员的薪酬监管制度设计尚存在一定的缺陷。该指引中限制高管薪酬的相关措施，并不能从根本上解决股东与债权人之间的代理问题和道德风险，反而会增加高管从事风险行为的激励。此外，增强薪酬委员会的独立性这一措施，也没有考虑到外部债权人的利益，同样无法消除高管过度冒险行为的动机。应当取消对银行高管薪酬的限制措施，协调股东和高管人员利益，同时引入外部监督机制，评估和控制薪酬制度对于外部债权人和金融系统稳定运行的影响。我国商业银行的薪酬管理存在一系列的问题，包括薪酬结构不合理、薪酬激励与风险关联度不足、过于偏重短期激励等。因此，应借鉴国际薪酬制度的相关经验，加快薪酬激励制度的改革，扩大薪酬制度的监管范围、引入长期薪酬激励方案，同时应因地制宜，灵活运用"原则适用"规则。

第四章 宏观经济政策

第一节 宏观经济政策基础

一、宏观经济政策的目标

经济政策是指国家或政府为了增进社会经济福利而制定的解决经济问题的指导原则和措施。任何一项经济政策的制定都是根据一定的经济目标而进行的。宏观经济政策目标是一个多层次、多维数的目标体系，它们构成一个以终极目标为圆心、层层扩散、环环相扣的靶形结构模型。处于靶心的目标，是宏观经济政策的终极目标。在社会主义市场经济中，最根本的目标就是提高人民生活水平。因此，我们可以以此作为宏观调控的终极目标，制定政策，实施调控。从提高人民生活水平这一圆点出发，我们可以推导出第二层次的派生目标。怎样才能使人民的生活水平提高呢？首先，居民要就业，要参加社会劳动并获取相应的报酬，一旦失业，生活水平就要大幅下降，因此，增加就业可定位为该层次的一个目标；其次，经济要不断增长，收入要日益增加，而且分配比较合理，如果仅仅维持在原有收入水平，居民生活状况就无法改善和提高；再次，物价要稳定，如果物价不断上涨，收入的上涨部分会被物价吃掉，甚至收入增长赶不上物价上涨，实际收入水平和实际生活水平就会下降；最后，要保持国际收支平衡，在经济全球化的大趋势下，国际经济紧密联系，如果国际收支失衡，势必全面影响一国的就业状况、经济发展和物价水平。因此，从靶心数起，第二层次的调控目标有四个：充分就业、经济增长、稳定物价和国际收支平衡。

（一）充分就业

一般来说，充分就业是指一切生产要素（包含劳动）都有机会以自己愿意的报酬参加生产的状态。但通常指劳动这一要素的充分就业。由于衡量各种经济资源的就业程度非常困难，因此西方经济学家通常以失业率高低作为衡量充分就业与否的尺度。由于自愿失业和摩擦性失业等自然失业的存在，使得自然失业率大于零。实现充分就业，就是把失业率保持在自然失业率的水平，让自然失业以外的所有愿意为现行工资工作的人都找到工作，实现最大量的就业。在西方经济学家眼中，存在 4%～6% 的失业率一般认为是正常的。

（二）经济增长

它是指在一个特定时期内经济社会所生产的人均产量和人均收入的持续增长。通常用一定时期内实际国内生产总值年均增长率来衡量。超出社会各方面承受能力的过高的增长率，将会扭曲经济结构，破坏经济平衡，带来适得其反的结果。因此，适度的增长率是要既能满足社会发展的需要，又是人口增长和技术进步所能达到的。

（三）物价稳定

它是指价格总水平的稳定。物价稳定不是价格不变，经济要增长，没有一点通货膨胀是很难的。一般说来，通货膨胀率与经济增长率有一定正相关的关系。但过高的通货膨胀率对社会经济生活的危害是极其严重的。因而，物价稳定，就是要维持一个低而稳定的通货膨胀率。

（四）国际收支平衡

国际收支平衡主要是要求一国能保持汇率稳定，同时其进出口达到基本平衡，达到既无大量的国际收支赤字又无过度的国际收支盈余。因为过度的国际收支赤字和盈余都会对国内经济发展带来不利的影响。随着国际经济交往的密切，国际收支对现代开放型经济国家是至关重要的，一国的国际收支状况不仅反映了这个国家的对外经济交往情况，还反映出该国经济的稳定程度。

以上四种目标之间既存在着密切的联系，又存在矛盾。首先，经济增长与经济稳定之间的矛盾。经济增长与经济稳定是社会主义市场经济所追求的双重目标，良好的经济运行状态既具有较高的增长速度，又具有较低的经济波动和通货膨胀。从长期来看，经济增长与经济稳定应该是统一的，没有稳定不可能有持续的高速增长，没有经济增长也不可能长期稳定。经济稳定与经济增长之间的矛盾表现在：经济稳定要求保持现有平衡，经济增长要求打破现有平衡。它们之间的矛盾也就是维持原有平衡与创造新的平衡之间的矛盾。一般来说，要维持经济稳定，对原有的各种经济结构、经济联系和经济增长格局尽可能少动或不动，使经济沿着原有的惯性轨道运行。而经济增长恰恰相反，它总是伴随着经济结构的剧烈变动，会引起产业结构、市场结构和分配结构从旧的平衡走向新的平衡。在这一进程中，如果生产资源的供给有保证，市场扩展无障碍，经济可以快速成长，新的平衡会迅速建立起来。如果其中的某些条件不具备，旧的平衡被破坏了，新的平衡又未建立起来，国民经济便陷入动荡状态。同时，我们也要看到，经济增长过慢或衰退也会破坏经济的稳定性，例如，当经济增长速度低于人口增长速度时，人均国民生产总值便会下降，这就意味着人均实际生活水平将会下降，新成长起来的劳动力不能及时就业。由于原有的生活资料与人口的平衡、生产资料与劳动力的平衡遭到破坏，国民经济同样会陷入动荡之中。其次，经济效率与经济公平之间的矛盾。经济效率通常定义为产出与投入的比例，经济公平通常定义为贡献与报酬的比例。效率与公平的矛盾首先表现在劳动就业上：按照效率原则，当经济不景气、企业开工不足时，会造成一部分职工失业；按照公平原则，每个人都应有劳动权利，否则就无法做出贡献，也无法获得报酬。其次，在分配问题上也存在矛盾：按照公平原则，劳动时间是分配个人收入的唯一尺度；按照效率原则，则要求按各种生产要素贡献进行分配，资本、土地也要参与分配，而且职工的报酬不仅仅取决于自身的劳动贡献，还取决于劳动在市场上的实现情况，因此，等量劳动在不同的企业获得的报酬也不相同。

为此，政府必须建立强有力的宏观调控体系，努力协调宏观经济政策目标之间的矛盾，以实现宏观经济终极目标。

二、宏观经济政策的内容

宏观经济政策工具是用来达到政策目标的手段。在实现经济政策工具中，常用的有需求管理政策、供给管理政策和国际经济政策。

（一）需求侧政策

一些经济学家认为经济波动的根源在于总需求的波动。总需求不足导致失业增加，经济萧条；总需求过多，导致物价上升，经济膨胀。需求侧政策就是要通过对总需求的调节，实现总需求等于总供给，达到既无失业又无通货膨胀、经济稳定增长的目标。需求侧政策包括财政政策和货币政策。

（二）供给侧政策

另一些经济学家相信萨伊定律，认为供给会创造出自己的需求。失业是由总供给不足引起的。而总供给不足的原因在于税率过高，挫伤了人们储蓄、投资与工作的热情。只有降低税率，才能增加总供给，增加就业。供给侧政策是通过对总供给的调节，来达到上述政策目标。供给侧包括控制税收政策、改善劳动力市场状况的人力政策以及放松减轻政府对经济的管制，鼓励自由竞争等政策。

（三）国际经济政策

一国的宏观经济政策目标的实现不仅有赖于国内经济政策，而且受到国际经济环境的影响。需要采取相应的国际经济政策，以实现国际收支平衡。

第二节　财政政策

一、财政政策的含义

财政政策是指根据稳定经济的需要，通过财政支出与税收政策来调节总需求，进而影响就业和国民收入的政策。按照不同的标准，财政政策可划分为不同的类型。按内容可分为政府支出政策、转移支出政策和税收政策；按其对总需求的影响可分为扩张性的财政政策和紧缩性的财政政策；按作用机制可分为相机抉择的财政政策和自发的财政政策等。

为了更好地了解财政政策的内容，我们必须首先来了解财政政策的工具。

二、财政政策的工具

财政政策工具是政府为实现既定财政政策目标而采取的手段。选择什么样的财政政策工具，这是制定和实施财政政策的重要一环。财政由政府收入和支出两个方面构成。政府支出是指整个国家中各级政府支出的总和，主要包括政府购买和政府转移支付两类；政府的收入则主要包括税收和公债两类。

（一）政府购买

政府购买是指政府对商品和劳务的购买，例如支付政府雇员报酬、购买军需品、政府办公用品、投资公共基础设施建设（学校、公路、机场）等所需的支出等都属于政府购买。其作用形式是政府购买的规模、方向和方式。政府购买是一种实质性支出，有着商品和劳务的实际交易，因而直接形成社会需求和购买力，是国民收入的一个组成部分。因此，政府购买支出是决定国民收入大小的主要因素之一，其规模直接关系到社会总需求的增减。购买支出对整个社会总支出水平具有十分重要的调节作用。在总支出水平过低时，政府可以提高购买支出水平，如举办公共工程，增加社会整体需求水平，以此同衰退进行斗争。反之，当总支出水平过高时，政府可以减少购买支出，降低社会总需求，从而抑制通货膨胀。因此，变动政府购买支出水平是财政政策的有力手段。此外，政府转移支付是指政府不以取得商品和劳务为目的的支出，主要包括社会保险与社会福利支出，如公共医疗保险、义务教育支出、社会福利支出等。其作用形式是政府转移支付的对象、规模、结构和范围。通过支付与否、支付多少的差别，贯彻国家对经济生活的鼓励或限制政策。转移支付仅仅是政府将收入在不同社会成员之间进行转移和重新分配，全社会的总收入并没有发生变动。一般情况下，当总支出不足时，失业增加，这时政府应增加社会福利费用，提高转移支付水平，从而增加人们的可支配收入，社会有效需求因而增加；当总支出水平过高时，通货膨胀率上升，政府应减少社会福利支出，降低转移支付水平，从而降低人们的可支配收入和社会总需求水平。

（二）税收

税收是最主要的财政政策工具之一，政府财政收入中的最主要部分。作为政策工具，税收的作用形式是税种、税率和减免税。由于税收是凭借国家的政治权利取得的收入，税种的开征与废止，税率的提高与降低以及减免税规定，都必须通过立法程序来确定。因此，税收是国家可以依据法律的严肃性而加以控制和运用的一个可靠工具。国家通过对税种、税率、减免税的变化，体现国家对社会经济活动的鼓励或限制政策，从而调节经济结构，调节社会总供给和总需求，鼓励或限制某些行业、部门、企业或产品的生产与流通。一般情况下，降低税率、减少税收会引致社会总需求增加和国民收入的增长，反之则引起社会总需求和国民收入的降低。此外，公债是政府财政收入的又一组成部分，它不同于税收，是政府运用信用形式筹集财政资金的特殊形式。它的作用形式是公债发行额、公债对象和公债利息率。中央政府发行的公债，其发行的规模、对象及利率，国家都可以直接控制。国家利用公债资金进行现代化建设，可以加快能源、交通等重点建设及基础工业的发展，从而有利于产业结构的优化。国家通过公债规模的确定、发行对象以及利率的调整，可以间接调整市场上的货币流通量，调节社会总供给和总需求的总量平衡与结构平衡。

三、财政政策的运用

财政政策的基本作用机制就是"逆经济风向而动""相机抉择"，即当经济处于衰退状态时，采取扩张性政策，而当经济处于过热状态时，则采取紧缩性政策。财政政策对经济的调节可以分为自动调节和主动调节两种情况，下面分别介绍。

（一）财政政策的自动调节

由于政府收入和支出自身所具有的特点，许多收入和支出项目本身就具有一种自动逆经济风向而动的倾向和趋势，能够减缓宏观经济的波动性。这些财政收入和支出项目就称为自动稳定器，也可以称为内在稳定器，或者将这种情况称为财政政策的自动调节。

自动稳定器类似于汽车的减震器，即在经济处于过热状态时，自动具有冷却的作用，而当经济处于衰退状态时，则自动具有扩张性的影响。财政政策的自动调节功能主要体现在下列三个方面。

首先是政府税收的自动变化。主要是个人和公司所得税，大多数国家的所得税制都是累进税制，即随着应纳税所得逐渐提高，增加部分应纳税所得适用的税率越来越高。当经济衰退时，国民收入水平下将，纳税人收入减少，则纳税人自动进入较低纳税档次，政府税收自动减少，从而产生扩张作用可以抑制衰退；反之，当经济繁荣时，国民收入增加，纳税人收入水平提高，自动进入较高纳税档次，政府税收自动增加，从而产生扩张作用，起到抑制通货膨胀的作用。

其次是政府转移支付的自动变化。政府转移支付当中的失业救济金和其他社会福利支出。当经济出现衰退时，失业水平提高，符合救济条件的人数增加，失业救济金和其他社会福利开支就会相应增加，有增加政府支出促使经济扩张的趋势，即通过增加人们的收入抑制消费需求的下降，抑制衰退；当经济繁荣时，失业水平下降，符合救济条件的人数自然减少，失业救济金和其他社会福利支出也就会减少，产生紧缩效应，从而抑制消费需求的增长，抑制经济过热。

最后是农产品价格维持制度。当经济萧条时，国民收入下降，农产品价格下降，政府按照不变的支持价格收购农产品，可以使农民的收入和消费维持在一定水平上；当经济繁荣时，国民收入水平上升，农产品价格上升，这时政府减少对农产品的收购并抛售一定量的农产品，限制农产品价格上升，这样就会抑制农民收入和消费的增长。

但应注意，由于政府税收和转移支付自动调整是一种事后调整而且调整的幅度很小，因此财政政策工具"自动稳定器"的作用很有限，它只能减轻经济萧条或通货膨胀的程度，而不能从根本上改变经济萧条或通货膨胀的状态。正是由于财政政策自动调节的有限性，所以各国均更重视财政政策的主动调节。

（二）财政政策的主动调节

在运用财政政策对宏观经济进行主动调节时，政府应针对不同情况采取不同的政策措施。纵观各国的财政政策，概括起来有以下三种措施的运用。

1. 扩张性财政政策

在经济萧条时期，社会总需求小于总供给，失业率上升，储蓄大于投资，一部分货币购买力溢出循环，使一部分产品卖不出去，价格下降，市场上资金短缺，利率上升。这时，政府就应主动采取增加财政支出、减少税收的政策，以增加有效需求。这种积极增加财政支出的政策称为扩张性财政政策，如果增加的财政支出超过了财政收入，也被称为赤字财政政策。

由于凯恩斯分析的是需求不足型的萧条经济，赤字财政是凯恩斯学派的一个最主要的财政政策。在20世纪30年代大危机之后是有效需求不足的萧条时期，一方面政府实行减税（包括免税、退税），个人将留下较多的可支配收入，从而使消费增加。减税和个人增加消费的结果，使企业乐于增加投资，这样总需求水平就会上升，从而有助于克服萧条，使经济走出低谷。另一方面，政府扩大支出，包括增加公共工程开支、政府购买、政府转移支付等，以增加个人的消费和促使企业投资，提高总需求水平，对克服萧条也起到了重要的作用。

2. 紧缩性财政政策

在经济繁荣时期，总需求大于总供给，投资大于储蓄，需求虽旺盛，但产量已无法增加，因此引起物价上涨，通货膨胀率上升。为了抑制通货膨胀，稳定物价，使产量与收入保持在充分就业的水平上，政府要用紧缩财政支出与增加税收的方法来抑制有效需求，使财政收支有盈余。这种紧缩财政支出，使之小于财政收入的财政政策被称为紧缩性财政政策。

在通货膨胀时期，一方面政府增加税收，使个人的可支配收入减少，从而消费将减少。增加税收和个人减少消费的结果，使企业减少投资，总需求水平下降，有助于消除通货膨胀。另一方面政府减少财政支出，包括减少公共工程开支、政府购买、政府转移支付等，来压缩个人的消费和限制企业的投资，使得总需求水平下降，有助于消除通货膨胀。

在通货膨胀时期，政府多收少支，会出现财政盈余。对财政盈余比较可行的处理方法是，在通胀时期把财政盈余作为财政部的闲置资金冻结起来，等到经济萧条时再使用。政府不能在这时将财政盈余支出，否则会使通货膨胀更加严重。政府也不能在这时用盈余来偿还政府欠公众的债务，否则个人手中就会增加一笔现金，又会增加消费和投资，达不到消除通货膨胀的目的。

3. 平衡性财政政策

平衡性财政政策是指政府通过财政分配活动对社会总需求的影响保持中性。财政的收支活动对社会总需求既不产生扩张性的后果，也不产生紧缩性的后果。在一般情况下，对财政收支保持平衡的政策就被称为平衡性财政政策。这种政策一般是通过严格规定财政收支的预算规模，并使之在数量上保持基本一致来实现的。只有当实现社会总供求矛盾不突出的条件下使用平衡政策，其效果才较为明显。如果财政收入总量与支出总量的平衡是建立在社会生产力严重闲置的基础上的，平衡性财政政策所维持的总供求平衡就是一种低效率的平衡。其结果必然是生产的停滞和资源的浪费。一般来说，平衡财政政策能否有效发挥作用的关键，是合理确定财政支出的总规模。长期以来，我国坚持平衡性财政政策，但由于在确定支出总量时缺乏科学性与合理性，所以导致平衡财政政策的预期目标往往很难达到。

综上所述，无论是扩张性、紧缩性还是平衡性财政政策，都与社会总需求与总供给的平衡状况相联系。宏观经济调控的任务在于保持总需求与总供给的基本平衡。因此，我们只能根据总需求与总供给的不同对比状态来选择使用财政政策。当总需求明显不足，经济资源未能充分利用，潜在的生产能力没有充分发挥时，一般应实行扩张性的财政政策。尽管采取减税或扩大支出的措施会产生财政赤字，但却可以扩大总需求，使之与总供给趋向平衡。当然，赤字的规模不能过大。当总需求明显超过总供给，并已发生通货膨胀的情况下，则应实行紧缩性财政政策，把过旺的需求压下来。这时虽然采取增税和缩减支出的措施会产生较多的财政盈余，但也是必要的。而当总需求与总供给大体平衡时，应采取平衡性财政政策。由于经济经常处于一种非均衡运行状态，因此，使用平衡性财政政策的机会是较少的，而较多的是使用扩张性或紧缩性的财政政策，一般是交替使用。这种交替使用的扩张性和紧缩性财政政策，也被称为补偿性财政政策。

第三节　货币政策

货币政策是指中央银行通过货币政策工具控制货币供应量，从而影响利率水平，进而影响投资和整个经济，以达到一定经济目标的行为。

一、货币政策工具

西方国家货币政策工具可分为一般性货币政策工具和选择性货币政策工具。一般性货币政策工具包括法定准备金、再贴现政策和公开市场业务等；选择性货币政策工具包括直接信用控制（消费信贷控制、房地产信贷控制、证券信用交易的保证金比率）和间接信用控制（道义劝说、窗口指导）。

（一）一般性货币政策工具

1. 法定存款准备金率

当中央银行调整法定存款准备金率时，直接改变了货币乘数，从而改变了商业银行能够创造的存款货币量，使整个社会的货币供应量发生变化。如果中央银行希望减少货币供应量，那么可以提高法定存款准备金率，反之，通过降低该比率来增加货币供应量。另一方面，法定存款准备金率对商业银行贷款业务的实际成本也产生了重要的影响，准备金率越高，实际成本越高，反之，实际成本越低。

改变法定存款准备金率会影响到商业银行的实际收益和成本关系，当贷款成本降低，或者贷款收益增加，那么商业银行就愿意增加贷款，从而扩大了货币供应量，反之，则会减少货币供应量。

法定准备金率常常保持稳定。因为中央银行如果频繁地改变法定准备金率，不仅导致货币供给量的剧烈变动，并且会使商业银行感到无所适从，无法正常地开展业务。因此，改变法定准备金率，是一个强有力但却不常用的货币政策工具。

2. 再贴现率

商业银行持有商业票据也可能会出现资金不足的情况，那么，商业银行就可以将未到期的商业票据再向中央银行出售，这一过程与前面相似，称为再贴现，其中的利息率就称为再贴现率。

由于再贴现过程相当于中央银行向商业银行提供贷款，那么再贴现率就相当于贷款利率。当再贴现率提高时，商业银行向中央银行贷款的成本就增加，商业银行就不愿意向央行贷款，从而间接控制了商业银行向外发放贷款的数量，减少了货币供应量。反之，当再贴现率降低时，商业银行向中央银行贷款的成本降低，商业银行愿意更多地向央行贷款，从而扩大了货币供应量。

除了商业银行向中央银行出售票据以获得贷款外，当商业银行出现临时性准备金不足时，也可以向央行贷款以补充准备金，或者将商业银行自己持有政府证券作为担保向央行贷款，由于这种情形与前面的类似，这时商业银行向中央银行贷款的利率也称为贴现率。控制该贴现率同样会控制银行体系的贷款规模，进而控制货币供应量。

再贴现率对货币供给量的影响比人们想象的要小得多。因为再贴现率不是一个具有主动性的政策，一方面，如果商业银行不向中央银行借款，再贴现率的变动就没有效果；另一方面，当商业银行十分缺乏准备金时，即使再贴现率很高，商业银行依然会从贴现窗口借款。

而事实上，商业银行和其他金融机构总是尽量避免去贴现窗口借款，以免被人误认为自己财务状况有问题。而且，在贴现窗口的借款期限很短，借款数量也有一定的限制。所以，商业银行和其他金融机构一般只将它作为紧急求援手段，平时很少加以利用。

再贴现率政策往往作为补充手段而和公开市场业务政策结合在一起进行。一般来说，当公开市场业务成功地把利息率提高或降低到某一水平时，中央银行也必须把再贴现率提高或降低到与该水平相协调的数值。因此，在更多的情况下，再贴现率主要是跟随市场利率，以防止商业银行的投机套利行为。

3. 公开市场业务

公开市场业务是指中央银行在公开市场（面对社会公众的市场）上买卖政府证券以控制货币供给和利率的政策行为。虽然公开市场业务反映了中央银行与社会公众的证券买卖关系，但一般操作中是通过商业银行进行的，中央银行不直接与社会公众进行交易。

一方面，由于政府证券是一种债权债务凭证，不能在市场上流通，即不能作为交易过程中的媒介，当中央银行购买政府证券时相当于向社会增发了相应的货币量，这些基础货币量通过货币乘数的作用影响到货币供应量。当中央银行出售政府证券时相当于从社会回笼了相应的货币量，同样经过货币乘数的作用减少了货币供应量。

另一方面，当中央银行介入政府证券市场（主要是政府债券、国库券的二级交易市场）进行交易时，也改变了市场的供求关系，引起债券价格变动，从而影响到市场利率水平。

公开市场业务是现代央行最主要的货币政策工具。因为运用这种政策手段能够比较准确而又及时地控制银行体系的准备金和货币供给量。

（二）选择性货币政策工具

除了上述三大货币政策工具外，中央银行还可以运用一些其他的货币政策工具，通常称为选择性货币政策工具。主要有：①消费信贷控制，即对各种消费信贷的条件、用途、还款方式、利率等进行限制，从而达到控制某些类型贷款的目的。②房地产信贷控制，主要是对土地和房屋等不动产信贷进行控制，对贷款中的首付款成数、贷款期限等进行控制。例如，如果将贷款成数从70%放宽到80%，那么会促进这类贷款增加，反之，则可以控制贷款数量。通过这些控制可以在一定程度上防止因房地产投机造成经济波动。③证券信用交易的保证金比率，即中央银行对以信用方式购买各类证券规定最低应付现款的比率，限制信用规模，从而控制市场投机行为。④道义劝告，是指中央银行利用其特殊的地位，向商业银行和其他金融机构通过发布通告、指示、指南或者进行人员沟通等，传达央行的政策意图，从而达到一定的政策目的。虽然道义劝告不具备法律效力，但商业银行往往愿意遵循央行的指示，以免对自身业务造成不利的影响。

二、货币政策的传导机制

由于货币政策不宜接对总需求产生影响，而是通过政策工具间接调整总需求的投资项目，因此，货币政策与财政政策相比更为间接、迂回，涉及的中间变量和环节较多。

货币政策的传导机制：①货币政策工具→②货币供应量→③货币市场供求关系→④利率→⑤投资→⑥国民收入。

上述传导机制说明，当中央银行调整某个货币政策工具后，引起货币供应量发生变化，进一步使货币市场的供求关系出现相对的供过于求或相对的供不应求，从而使利率发生变化，当利率变化后，引致投资变动，投资变动带来国民收入变化。

三、货币政策的运用

货币政策是政府通过控制货币供给、影响利率及经济中的信贷供应程度所组成的。其核心是通过货币供应量的调节和控制来扩张或抑制社会总需求水平，从而实现社会总供给与社会总需求的平衡。货币政策分为扩张性货币政策、紧缩性货币政策和均衡性货币政策。

（一）扩张性货币政策

扩张性货币政策是通过提高货币供给增长率，从而增加信贷的可供量，随之降低利率，来刺激总需求的增长。这种政策使用的条件是：总需求不足，资源未被充分利用或失业率很高。在经济萧条时，选择这种货币政策最为合适。

扩张性货币政策是以凯恩斯理论为依据的。按照凯恩斯理论，在经济处于萧条时期，采取扩张性货币政策，既可以扩大社会支付能力，又可以降低利率，而低利率既能刺激消费，又能刺激投资。但是，必须注意到，不断促进货币扩张，货币供应扩大，其结果又使利率呈上升趋势。因为继续刺激经济，就会使货币的需求上升，货币需求上升又必然引起利率提高、投资下降，结果导致总需求下降。

（二）紧缩性货币政策

紧缩性货币政策是指通过降低货币供给增长率，从而减少信贷的可供量，随之提高利率，来削弱总需求的增长。在通货膨胀严重、经济过热情况下，选择这种货币政策最为合适。

从放松银根到抽紧银根，可以是采取主动措施的结果，例如，在公开市场上出售债券，提高准备率和贴现率等；也可以是被动的，例如，在信贷需求日益增长情况下，没有相应增加准备金。但是必须注意到，紧缩性货币政策的主要功能是抑制总需求的增长，使总需求的增长较快地落后于总供给的增长。

（三）均衡性货币政策

均衡性货币政策的主要内容是，按照国内生产总值增长率确定货币供应量增长率，以使货币供应量形成的社会需求与总产出之间保持一种对等的关系。可见，均衡性货币政策着眼于经济的稳定，力图在总需求与总供给之间保持平衡。这时，币值也必然是稳定的，故均衡性货币政策有时又被称为稳定货币政策。

均衡性货币政策是指根据调整国内生产总值增长率来控制货币供应量，从而使货币供应量与货币需求量大体相等。使用的条件是：总供给和总需求大体上是平衡的。均衡性货币政策的调节功能，是促进或保持总需求与总供给的平衡。在社会总需求膨胀且超过总供给的条件下，中央银行依据均衡性货币政策，可以控制货币供给量，对过度的市场需求起到抑制作用；在社会有效需求不足，总供给严重超过总需求的条件下，中央银行依据均衡货币政策，可以扩张自己的资产业务，增加货币供给量，改变因货币供应不足而使需求萎缩的状况，有效地调节总需求和总供给的关系。

货币政策是经济理论在宏观经济管理中的具体实践。一定的货币政策总是代表着某一经济理论流派的理论观点和政策主张。例如，20 世纪 40 年代后的很长一段时间，西方各国政府受凯恩斯经济理论的影响，普遍推行了扩张性货币政策。20 世纪 70 年代末，面对"滞胀"的顽症，货币主义理论应运而生，不少国家政府又转而采取了货币主义控制货币供应量增长的政策主张。因此，货币政策的变动既受现实经济形势的制约，又受经济理论的影响，货币政策及其措施带有明显的理论倾向性。而且对于货币政策的宏观调控能力应当有一个正确的估计。既不应轻视货币政策的宏观调控作用，又不要过分夸大货币政策的效果，应当承认货币政策的作用是有局限性的。

第四节　宏观经济调控效应

一、财政政策的调控效应

（一）财政政策的产出效应和挤出效应

1. 财政政策的产出效应

财政政策的产出效应是指财政政策对整个经济体系中的生产和就业水平所产生的实际影响。政府通过变动税收和政府支出来影响总需求，进而使国民收入发生变动。

2. 财政政策的挤出效应

（1）挤出效应的概念

扩张性财政政策所引起的利率上升，挤占私人投资，抑制总需求增加的现象，称为财政政策挤出效应。

下面几种财政政策都可能导致挤出效应：①政府对公共图书馆增加拨款。这样公众就会更多地利用公共图书馆的书籍，而在书店的购买支出将减少。②政府增加公共教育经费。这样公众接受私人教育的支出将减少。③政府增加对公共交通费用拨款。这样公众的交通费用支出将减少，随着道路质量的提高，汽车保养费用将降低。④随着政府支出的不断增加，财政势必出现赤字，赤字的规模也日益膨胀。为弥补财政赤字，政府不得不扩大资金筹集，或者提高实际利率，这样势必要影响私人的投资能力。

（2）挤出效应的产生原因

挤出效应可能是部分的，也可能是完全的。当私人投资的减少小于政府支出的增加时，这时的挤出效应就是部分的；当私人投资的减少量与政府支出的增加量相等时，挤出效应就是完全的。何种情况下政府的挤出效应是完全的，什么情况下是部分的，依经济社会的经济运行状况的不同而不同。

当经济达到充分就业时，政府支出增加会导致私人投资以如下方式减少：由于政府支出增加，产品市场上产出水平达到极大，导致在产品市场上对商品和劳务的购买竞争加剧，物价水平上涨，如果在这时货币的名义供给量不变，实际的货币供给量必然会由于价格的上涨而减少。由于产出水平不变，用于交易需求的货币量（m1）不变，只有使用于投机需求的货币量（m2）减少。结果，债券价格会下跌，利率上升，必然导致私人投资支出减少。私人投资的减少，必将产生一系列的影响，首先使总需求减少，导致国民收入降低，影响人们的消费水平，使人们的消费随之降低。这就是说，政府支出的增加"挤占"了私人的投资和消费。

短期中，如果工人由于存在货币幻觉或受工资契约的约束，货币工资不能随物价上涨同步增加，企业会由于工人实际工资水平的降低而增加对劳动的需求，因此，短期内就业和产量会增加。但从长期来看，工人会由于物价的上涨要求增加工资，企业也将把对劳动的需求稳定在充分就业的水平上，因此，政府支出的增加只能完全地挤占私人的投资和消费，"挤出效应"是完全的。

当经济处于非充分就业时，政府采取扩张性财政政策，增加政府支出，同样会对私人投资产生"挤出效应"，但一般来说，这时政府支出的增加对私人投资的挤出效应不会是完全的，原因在于此时的经济社会存在一定的失业，政府扩张性的财政政策多少能使就业和产出增加一些。但为什么在非充分就业的经济中，政府支出的增加还会对私人投资有一定的挤出效应呢？因为政府支出的增加提高了总需求水平，必然使产出水平相应提高，交易需求所需的货币量随之增加，在名义货币供给不变的情况下，货币需求就大于货币供给，利率因此而上升，从而导致私人投资水平不同程度的下降。

（3）影响挤出效应的因素

政府支出会在多大程度上"挤占"私人投资呢？具体来说取决于以下几个因素。

第一，货币需求的收入弹性。货币需求的收入弹性越大，LM曲线越陡峭，说明货币需求对产出水平越敏感，一定的国民收入增加所引起的货币需求的增加也大，在货币供给量不变的前提下，货币需求越大，利率上升得越高，私人投资和总需求减少得越多，国民收入增加得越少，即挤出效应越大。反之，货币需求的收入弹性越小，LM曲线越平坦，挤出效应越小。

第二，货币需求的利率弹性。货币需求的利率弹性越小，LM曲线越陡峭，说明货币需求对利率越敏感，一定的货币需求增加需要利率上升很多，从而投资和总需求减少得越多，国民收入也就减少得越多，即挤出效应越大。反之，货币需求的利率弹性越大，LM曲线越平坦，挤出效应就越小。

第三，投资的利率弹性。它表示投资需求对利率的敏感程度。投资的利率弹性越大，说明投资需求对一定的利率变动越敏感，IS曲线的斜率就越小，IS曲线越平坦，一定的利率变动所引起的投资变动也就越大，使总需求和国民收入的变动就大，因而挤出效应就越大。反之，投资的利率弹性小，"挤出效应"也越小。

第四，支出乘数。支出乘数越小，IS曲线斜率会越大，IS曲线越陡峭，政府支出所引起的国民收入的增加也越少，但利率提高使投资减少所引起的国民收入的减少也越少，即挤出效应也越小；反之，支出乘数越大，IS曲线斜率就越小，IS曲线越平坦，"挤出效应"也越大。

在这些影响挤出效应的因素中，支出乘数主要取决于边际消费倾向。一般而言，边际消费倾向是比较稳定的，同时税率也不会轻易变动。货币需求的弹性主要取决于人们的支付习惯和制度，一般也认为其比较稳定。因此，"挤出效应"的大小主要取决于货币需求的利率弹性和投资的利率弹性。

（二）财政政策的资源配置效应

在市场经济条件下，政府投资与一般的社会投资所涉及的领域是完全不同的。社会投资主要集中在竞争性的、私人产品的生产领域，而政府投资则主要集中在带有较强垄断性的、公共产品的生产领域。政府投资的资源配置效应就是指社会资源在这两大领域，尤其是指在私人产品与公共产品生产领域的分配比例。

税收对经济资源配置的影响是指国家通过税收的开征和调整影响经济资源在地区、产业、行业和产品间的分配。西方经济学家认为，在大多数情况下，市场竞争和价值规律能够做到对资源的合理配置，国家干预反倒有可能使资源配置效率受到损失。因此，他们推崇"中性税收"，不主张用税收干扰私人部门已经形成的资源配置格局。但是他们同时也认为，在特殊情况下，政策利用税收进行适度调节也是可行的。西方经济学界的主流思想仍然是不干预或尽量少干预。然而在市场机制并不是非常健全，或正处于发展过程中的国家对中性税收的膜拜程度并不如西方国家高。比如，中国改革开放几十年来的税收政策明显没有贯彻税收中性思想，而是一种积极利用税收杠杆调节资源配置的非中性方式，并且也取得了令人瞩目的经济成就。其原因主要是中国不可能重复西方国家几百年以来利用市场优化资源配置的过程，必须在汲取前人经验，深刻洞察规律的基础上借助税收政策促进经济发展和市场的完善。但这种税收干预资源配置的方式人为因素过多，如果掌握不好定会带来巨大的风险和损失，所以对经济决策者的素质提出了更高的要求。

（三）财政政策的局限性

对财政政策的分析表明，如果要扩张经济就需要增加政府支出或者削减税收，以增加总需求；如果要紧缩经济就应采取相反措施，这种决策看起来相当简单，但在实际应用中却很难收到预期的效果。

（1）财政政策在实际运用中会发生各种矛盾，从而限制财政政策对市场经济的调节作用。这种局限性在税收政策方面表现为以下两点。

①为防止通货膨胀而增加税收，以压缩社会总需求，抑制物价上涨。但是，如果对企业利润增加课税，企业为了保持原有利润，会抬高商品价格；因此，通过税收负担的转嫁过程，增税必然会引起物价上涨，从而限制了税收政策用以抑制物价上涨的作用。如果对个人所得增加税收，将直接降低个人可支配收入以及个人消费水平，这会与因对企业增税而引起的物价上涨结合起来，遭到国民的反对，实施起来有一定的难度。

②为防止经济衰退而减少税收，但人们并不一定将因少纳税而将余下来的钱用于购买商品，也可能用于储蓄。因此，减税并不见得能够带来消费或投资的增加。

财政政策在支出政策方面的局限性表现为以下三点。

①在萧条时期，政府的购买和转移支付的增加，虽然提供了消费与投资、扩大总需求的可能性，但如果人们将这笔收入用于储蓄而非商品购买时，这种可能性就不能成为现实。

②在通货膨胀时期，政府要减少对商品的购买，将直接影响大企业的收益，因此会遭到他们的强烈反对。政府要削减转移支付，将直接减少人们的收入，甚至影响基本生活，因此会遭到公众的反对。

③在通货膨胀时期，政府削减支出，但由于其中部分财政支出具有刚性，使得财政

支出难以大幅度压缩。

（2）财政政策的调控作用还受时间滞差的限制。

财政政策的调控措施需要一定的时间才能取得效果，这种因时间的滞差限制政策措施作用的现象叫作"政策时滞"，它在实际经济生活中主要有以下三个表现。

①识别时滞，即在经济运行状况发生变化与认识这种变化之间存在着时间的迟误。它一方面来自识别和搜集资料时间产生的迟误；另一方面来自市场短期波动掩盖长期波动的现象，要从短期波动中识别长期波动的转折点总是困难的。因此，当识别出衰退或膨胀的转折点时，可能已置身于这一过程之中了。

②行动时滞，即认识到经济变化与制定执行政策措施之间存在的迟误。以美国为例，在经济周期转折点出来后，不能立即采取行动，而是由主管部门制定了可供选择的财政措施，交总统批准，然后送交国会讨论。这需要经过较长时期的辩论，折中和妥协，才能得到一致意见。

③反应时滞，即在政策措施开始执行与这些措施产生实际效果之间存在时间的迟误。即使政府及时地将反经济周期的财政政策付诸实施，该措施也须经过一段时间才能奏效。乘数的发生过程即是如此。

二、货币政策的调控效应

（一）货币政策的产出效应和挤出效应

1. 货币政策的产出效应

货币政策的产出效应是指货币政策对整个经济体系中的生产和就业水平所产生的实际影响。影响货币政策产出效应的因素很多，如政治和经济环境的稳定性，信贷和金融工具的可获得性，工会的权利，司法体系的完备性，中央银行独立性，预期的构成、货币政策传导的速度或者时间以及经济开放度。

2. 货币政策的挤出效应

紧缩性货币政策所引起的利率上升，挤占私人投资，抑制总需求增加的现象，称为货币政策的挤出效应。

一般情况下，当采取货币政策变动货币供给量，既影响利率，也影响实际国民收入水平。

（二）货币政策的财富效应

财富效应是指由于金融资产价格上涨（或下跌），导致金融资产持有人财富的增长（或减少），进而促进（或抑制）消费增长，影响短期边际消费倾向（MPC），促进（或抑制）经济增长的效应。简而言之，就是指人们资产越多，消费倾向越强。财富效应又称实际余额效应。

利率水平的下降，使人们的金融资产增值，从而鼓舞了人们的消费热情。随着社会消费的增加，又将诱使社会投资的扩大，最终可以在一定程度上弥补挤出效应的负面影响。这就是货币政策带来的财富效应。

财富包括两种形式：金融资产和实物资产。财富的增加或减少意味着两种资产总额的净增减，而不是某一种资产的增减，因而公众手持货币资产的增加或减少也并不意味着其持有财富的增减。当中央银行采取扩张性货币政策，利用公开市场操作，向私人部门购进政府债券，这样会使得社会现金资产增加，债券资产减少，这改变的只是财富的构成，但财富持有总额未变。同样，实行紧缩性货币政策也会得出相同的结论。

通过这种效应有可能影响总需求的扩大或缩小。当财富持有者为偿付其他债款或为筹资购买急需品而向商业银行借贷时，总资产和总负债依然没有发生变化，货币存量的增减也并没有带来公众持有财富的变动。但是，这种财富效应肯定会引起总需求的变化。当财政部为了弥补财政赤字采取印发新的钞票或者以财政部有价证券为交换，为银行取得新的存款而增加货币供给时，货币存量增加。此时，由于财政部将钞票支付给公众或者将存款转交给公众，其结果是公众手持货币量增加，但未失去其他资产。这种财富效应会直接带来商品需求的上升。货币存量变动的财富效果大多数情况下是构成财富的各种资产的结构变化，只有在某些特定情况下才会产生财富的增减。但无论哪一种效应，都会带来总需求的改变，这也正是某些西方经济学家赖以说明货币政策有效性的一个论据。

（三）货币政策的局限性

中央银行通过货币政策，控制货币供应量，从而相应地影响市场利率水平，实现宏观调控目标。但是，在一些具体情况下，则暴露出货币政策本身的局限性。

（1）在经济衰退时期，尽管中央银行采取扩张性措施，如降低存款准备金率和再贴现率等。增加贷款，降低利率刺激投资，但是商业银行往往为了安全起见不肯冒此风险。厂商认为市场前景暗淡，预期利润率低，从而不愿为增加投资而向银行借款。

（2）在通货膨胀时期，尽管中央银行采取措施提高利率，但企业会认为此时有利可图，从而置较高利率于不顾，一味增加借款。

（3）货币政策的效果可能被货币流通速度的变化所抵消。在经济繁荣时期，人们对前景预期乐观而增加支出，在物价上涨时，人们宁愿持有货物而不愿持有货币于是货币流通速度加快，产生扩大货币供应量的效果；在经济衰退时期，实行扩张性货币政策，扩大货币供应量，但由于人们压缩开支，使货币流通速度放慢，产生减少货币供应量的效果。

（四）宏观经济政策实施中的困难

（1）政策的负效应。例如，实现充分就业的代价可能是通货膨胀。财政政策在刺激总需求的同时会使利率上升、抑制投资、产生挤出效应等等。

（2）非经济因素的影响。国际上的政治斗争、国内的政治问题，都会影响政策效应。

（3）理论本身的局限性。经济理论并不是十分完善的，信息也并不是完全的。

总之，在政策实施中存在许多实际问题，这些问题影响到政策效应。这就要求政府在运用宏观经济政策来调节经济是根据经济形势的客观要求和各种政策措施的特点相机抉择。

第五章 宏观经济及金融市场经济预测

第一节 预测的基本概念

一、预测的含义

一般认为，预测即为利用历史数据推算未来一些时点的值，采用预测值与实际值之间的差别衡量其准确性。这种观点过于简单化，过于狭义地看待"预测"这个工作。实际上，预测是一个过程，在用历史数据推算未来的预测值时还需要考虑很多不确定性；预测，不仅是预测未来时点的值，还包括预测未来发展趋势，最主要的是为未来趋势展望提供有价值的参考依据。此外，衡量预测工作，仅仅判断预测值与实际值之间的差别是不够全面、科学的。还应从如下角度去衡量："预测工作"，是否提供了有价值的信息？是否为决策提供了足够的参考依据？

二、学会预测

从预测科学发展的角度，已经创新性地提出了一系列的预测理论和方法，最新计量模型建模技术、神经网络、仿真模拟等都不断地应用到实际的预测工作中。同时，计算机系统的开发，大大简化了对数据库的存取和定量技术，为预测应用提供了很大的便利。

从实际的预测需求看，经济的快速发展，与世界经济的联系进一步密切，形势的复杂性使得对预测的需求越来越大。例如，政府在许多重大战略问题的决策中，企业在市场把握和整体规划中，都迫切需要科学的预测作为决策依据或重要参考。因此，支持政府宏观决策及企业市场决策的预测需求越来越大，作用也越来越突出。同时，这些实际的预测工作对预测技术及定量分析软件也提出了更高层次的需求。

预测可分为定性预测与定量预测。主要的定量预测方法包括计量经济模型方法、动态因子模型方法、智能预测算法方法、景气预警方法、投入产出方法和一般均衡模型方法等。从广义上来说，预警和政策模拟，都属于预测的范畴。

三、管理预测

在实际工作中，单独的预测模型通常在一定条件下产生较好的预测结果，而在其他情况下往往产生较大的预测偏误，从而出现预测效果不稳定等问题。预测集成技术由此产生和发展。预测集成将各个单独的预测模型进行集成，提取各自的优点，剔除各自的不足，综合成一个更优的合成预测结果，使模型结果更加稳定、预测精度更高，为决策提供更好的参考。组合预测是最常见的预测集成工具，涵盖了多种常见的单项预测模型，适用范围最广。而近年来在各国中央银行得到广泛应用的扇形图方法，则是主观预测结果集成的有效工具。

另外，在实际工作中经常需要检验预测效果，以利于未来更好地进行预测和分析，预测跟踪技术应运而生。预测跟踪主要在预测指标的真实值公布后，检验已有预测结果。预测跟踪技术包括：梯形图、预测—实现图、误差随机性检验、事后预测检查及预测性能衡量。除了梯形图，其他四种工具均需有预测数据的真实值时才可使用。其中，梯形图主要用于检验预测数据的趋势及季节效应是否正确；预测——实现图主要用于检查是否连续出现持续的高（低）估预测及是否出现方向性预测错误；误差随机性检验主要用于检验预测误差是否随机；事后预测检查主要用于检查预测误差来源于模型本身还是外身变量估计的偏差；预测性能衡量提供了目前常用的几乎所有的预测评价指标。

第二节　预测理论

一、预测过程

预测是一种有结构的过程，它产生具体的输出，即对未来的建议。预测过程的步骤与被预测的项目和输入参量无关。未来不是完全可以预料的，强调和重视预测过程是为了确定最可能影响未来事件进行的全部因素，并进行系统的评价。预测过程的系统结构规定出基本原则，预测过程最重要的组成部分（人的判断和直接观感）要依据这个原则开展预测工作。

（一）预测的定义

最简单的预测的定义就是：预测是一个过程，它的目的是预测未来的事件或条件。更确切地说，预测是试图预见变化。如果未来的事件仅仅表现为由历史事件而来的、稳定的、定量的变化，则可以通过历史趋势对未来进行定量反映，预测出未来的事件或条件。在预测未来的事件时，用数学公式（或一个模型）来阐述历史事件的方法，称为定量预测技术。经验和直观的推理都已经证明，未来的事件或条件不是历史趋势的唯一函数，在预测未来事件时，仅仅依赖历史趋势是远远不够的，在预测分析中还需要包括很多其他因素，以便为定量预测技术分析结果提供充分的补充，这就需要预测过程。

1. 预测

预测不是最终的结果，而是决策过程的输入。在一组假设的条件下，预测是预见将来会发生的情况。一般情况下，预测是在"条件和环境如常"的背景下，预见一个或多个变量的未来值。在规划工作中，这些预测结果称为"基本现状"或"基本情况"。当情况有变化时，或者当为了改动那些已经证实不能令人满意的预计结果而制定另外的规划时，亦需要再次进行预测。

2. 预测的过程

预测过程不是一种精确的科学，它很像是一种艺术形式。同任何一种有价值的艺术形式一样，预测过程是确定的、有规则的，并有一套专用工具和技术（当然，该技术还取决于人的判断和直接观感）来支持。

（1）输入

预测过程的起点是确定整体预测工作所需要的全部事情。预测过程有很多输入，较典型的包括：寻找并确定预测任务的数据来源，并收集数据；了解并确定影响预测的内在因素；获取有关外部情况的信息，即在环境方面影响预测的因素；明确预测用户的需求；收集进行预测所需要的各种资源；列出将需要使用的预测技术。

这些工作不仅是预测过程的输入，也是在全过程中，为预测分析判断提供的信息输入。

（2）输出

预测过程还需要有关输出方面的知识，包括了解并确定最后成果输出的格式，向预测使用者提出预测报告，对于预测分析结果进行评价。

预测使用人一般应事先制定预测输出的格式，并同预测人员商量分析的种类和应考虑的变量。预测过程的最终成果，很明显就是预测本身。但不能认为一次预测是永久性的、绝不变化的。任何环境的动态特性，决定着将来某些时候对预测的重新评价和预测工作的重新进行。任何预测的价值取决于它为决策过程提供信息的程度和作用。

（3）强调预测过程的原因

强调预测过程有很多原因，主要包括：①对任何从事预测的工作人员，最重要的是精心地遵循妥当的预测过程，这将为取得较好的预测结果奠定良好的基础；②预测的结构化尤其是预测过程的结构化，能使我们更好地理解影响预测结果的众多因素；③强调预测过程，有利于预测人员把注意力集中在为一个既定的预测选择正确的方法。例如，对长期预测必然不用短期的方法。无论预测的管理者还是预测的使用者，都不应该着眼于预测工作为他们产生的数字（即预测结果），而应该决定哪种方法能产生最精确的预测结果。

（二）预测模型

预测模型是预测人员工作的辅助手段，它力图给出一个简单的现实表达式。预测人员在使用模型的时候，需要尽量归纳关键的因素而排除非关键的因素。这种集中本质、剔除非本质的过程，就是预测中建立模型的实质。因此，预测模型往往对现实情况做了一定的简化。

虽然作了简化，预测模型是重要的分析工具和手段，预测人员仍能利用模型来估计未来重要事件或趋势的影响。这是因为，考虑和处理所有的原因（或因素）超过了预测人员的范围。预测人员必须努力把这些众多的影响因素提炼为有限的、最相关的因素，在简化的基础上再开展预测工作。因此，在各种建立模型的工作中，都存在着简单与全面之间的比较取舍问题。

预测过程是明确的和有结构的，建模技术或预测技术也是如此。无论使用的数据如何，这些技术都执行相同的任务。预测过程的有些输入与给定情况的形式有关，而预测技术则不是这样。因此，预测人员在预测中，选择和使用预测技术时，必须进行准确的判断。经过系统的筛选过程后，预测人员就可以鉴别哪些预测技术在研究预测的输出方面能提供最有效或最有益的帮助。

（三）开展预测

开展一项具体的预测，其过程包含以下基本步骤：掌握有关历史的趋势和历史预测方面的基本情况；分析预测对象历史趋势变化的原因；分析历史的预测与实际情况之间出现差距的原因；确定将来可能影响预测对象的因素；考虑衡量未来预测的精确度和可靠性的尺度；不断考察预测的精确度，对预测结果进行跟踪和管理，确定预测产生重大差异的原因；在必要的时候修改预测。

任何一项预测工作，它的初次预测有一个"起点"，但没有"终点"，除非这项预测工作不再以原来的形式存在，或不再需要。初次预测要履行预测过程的全部步骤，以后的各次预测则是在对初次预测的基础上进行修改或扩充。

（四）预测人员的作用

预测人员是顾问。一项已经完成的预测，需满足使用者在及时、形式、方法及说明等方面的要求。在预测人员——问题——解决者三者的关系中，问题——解决者深知有关问题的环境和应当考虑的变量等知识。预测人员要具备预测过程和预测方法（最适合于具体问题的）

等方面的知识，一是被预测对象本身所处学科领域的知识；二是预测方法本身的理论知识。

二、如何开始做预测

开始预测工作，首先，需要定义预测问题，用业务术语描述问题。定义问题是任何预测工作的一个关键阶段，在这个阶段，需要规定将要解决什么问题，还需要制定为顺利完成设计和预测的标准。其次，需要确定被预测对象的影响因素，用理论说明由什么因素引起所分析预测的问题的变化。确定影响因素之后才能开始数据分析、建模及预测。再次，对数据来源进行详细的分析。最后，初步列出可供选择的预测技术，确定初步选择的准则。

（一）确定因素

1. 确定使用者的需求、预测的项目、预测人员的工作根据及条件

首先，预测人员需要了解谁是预测的使用者及他们需要什么信息，即使用者的需求。对于预测来说，不同的使用途径对预测过程的详细程度要求是不一样的，对于预测结果所需提供的信息要求也存在着差异。例如，如果预测使用者是公众，则所提供的预测信息不能太过技术化，应尽量做到简洁易懂；如果预测使用者是决策者，则会对预测假设条件、情景假定、不确定性情况、波动风险等信息感兴趣。此外，还应明确预测中应该分析的具体内容，即预测的项目内容。

其次，必须认识到预测人员自身需要的实际工作条件。必须要考虑：计算机及应用软件设备，如计量分析软件 EViews、SPSS 等，或者数值分析软件 MATLAB 等；数据库条件，如是否可以便捷地查询 CEIC、WIND 等数据库；所能投入的时间，或者是在预测使用者需要预测结果之前所能使用的时间，如果时间紧迫，只能建立小型模型进行预测；如果时间充裕，可以建立大型的模型结合微观和宏观进行详细的分析与预测。

2. 识别可能影响预测问题变化的因素

预测人员需要掌握有关预测问题的经济环境信息，从历史情况看什么因素曾经引起过对预测问题的影响，并且将来也可能继续影响，从未来看还有什么其他因素将会对预测问题产生影响。最初开始从事预测的人员可以研究并使用稍微简单的理论，有了一些经验以后再开始建立复杂的模型。需要说明的是，并不是模型越复杂，预测精度就越好。选择几个变量使用一些简单的预测方法，有时候能建立重要的关系模型。它给出的初始值可以向决策者提供有价值的、适时的信息。

在实际的经济预测工作中，一般从经济理论出发确定初步的影响因素，再经过大量

的文献查阅了解并确定在实证分析中可以引入的影响因素，最后根据数据可得性进行选择。如果一个因素非常重要，但数据不可得，对于建模预测来说，该因素的定量考虑是没有意义的，只能在后面的预测修正与调整时，根据该因素的定性分析提供补充信息。

（二）数据来源的分析

所有的预测方法都需要数据，因此，预测人员必须分析来自外部和内部的数据的可用性。分析数据来源和收集数据是非常基础性的工作，烦琐但重要。每次在开展预测工作时，都需要花大量的精力在分析数据和收集数据这一环节上。因此，对于刚开始从事预测分析的工作人员来说，对于这一环节要做好充分的思想准备。在数据整理中，由于数据质量、可得性等因素的影响，可能需要返回重新思考和确定预测问题。

（三）预测技术的选择

随着各个领域预测工作的蓬勃开展，对预测理论与方法的研究也在不断向深度和广度两方面拓展，预测方法不断增多，已有方法在预测实践中也不断得到更新和完善。每一种预测方法都有其自身的特点和有限的适用范围。因为经济现象日益复杂，而任何模型均是在近似地模拟现实，所以任何方法均具有其局限性。在对一个预测对象进行预测时，选用的预测方法不同，得到的预测结果常常也是不同的。因此在进行预测时，应根据预测对象的具体需要和实际条件，依据经济理论、数据可得性、预测长度、工作时间、预测技术的适用范围等因素，选择最合适的预测方法。在整个预测过程中，预测技术的选择也是非常重要的，对预测精度和效果将产生直接的影响。为此，必须详细了解各种预测方法的原理、条件、应用特性、工作步骤和适用范围等。了解得越透彻，选择才能有的放矢，预测的效果才能越符合要求。实际应用中，必须基于所分析的问题和所能收集到的数据选择相应的方法，所分析的问题是预测的核心，收集的数据是建模分析所需要的关键性要素。

一般使用的预测技术可划分为定性和定量两种，在实际使用中，需要定性和定量方法的有效结合。

1. 定性技术

定性技术提供整体的分析框架，定量技术（包括定量分析的方法）负责解决框架中的一个具体问题或者总体问题（因为不是所有的问题都可以使用定量技术进行解决）。定性技术的目标是用逻辑的、无偏见性的、系统的方法，把感兴趣因素的有关资料和判断汇集到一起；在此基础上使用主观的判断和估计方案，把定性的资料转变成定量的估计。在预测一些缺少历史数据的问题，或者处理一些无法量化的因素时，经常使用定性技术进行处理。

常用的定性技术包括判断分析法、德尔菲（Delphi）法、主观概率法、市场调查研究法、类推法、综合专题小组、直观预测和历史模拟等。

2. 定量技术

定量技术是在有关经济理论的基础上，根据已掌握的比较完备的历史统计数据，运用一定的数学方法建立有关的数学模型，通过数学模型的计算结果揭示有关变量之间的规律性联系，对未来的经济活动做出估计、描述、分析和判断。当有适当和足够的数据可用时，就可以采用定量技术。定量技术包括如下几个方面。

（1）时间序列分解方法

时间序列分解方法主要包括季节调整、谱分析等。这种方法的基础假设是数据可分解成若干不可观察的成分（如趋势、季节性、周期和不规则性），分别在各自的基础上做分析和预测。因此，预测几乎是各成分预测的组合。该方法对数据样本长度要求较高，但并不需要其他的变量；缺点是缺乏经济解释。

（2）先行指标方法

先行指标方法，又称景气指数方法，根据指标与基准循环的对应关系，将指标分为先行、一致、滞后指标组，再从指标组中选择一定的指标集合，根据一定的合成算法将一些指标集合分别合成为先行景气指数、一致景气指数和滞后景气指数。先行景气指数先于经济周期变化，可用于经济周期的短期预测，尤其是拐点分析与预测；一致景气指数可用于表征经济周期的运行状态；而滞后景气指数则可用于确认经济周期的完备性。先行指标方法的缺点是缺乏经济理论的解释，以及在数据处理上存在尾端数据漂移现象。

（3）计量经济模型方法

经济计量分析与预测主要是利用计量经济学方法建立宏观经济计量模型，进而对宏观经济进行数量分析与预测的一种方法。该方法包括单方程建模预测、联立方程建模预测、风险价值建模预测等，是目前最为常用的预测方法之一。现在机制转换模型和混频模型，也是发展非常迅速的方法，其应用也越来越广泛。

（4）一般均衡模型方法

一般均衡模型方法，根据一般均衡理论建立理论模型求出均衡解，再采用数量方法估计参数值，从一般均衡角度对宏观经济进行数量分析。目前常用的主要有可计算一般均衡（CGE）模型与动态随机一般均衡（DSGE）模型。该方法的优点是能够充分考虑微观基础，结合宏观分析，在一般均衡的框架下进行建模分析。但由于该方法建模过程比较复杂，参数求解比较困难，应用并不广泛。

（5）投入产出分析方法

投入产出分析方法，基于投入产出表及消耗系数矩阵，根据一些假定条件进行预测与政策模拟。投入产出表是运用投入产出技术，将国民经济各部门生产中投入的各种费用的来源与产出的各种产品和服务的使用去向，组成纵横交错的棋盘式平衡表，全面而系统地反映国民经济各部门在生产过程中互相依存、互相制约的经济技术联系。投入产出模型是指反映国民经济系统内各部门之间的投入与产出的依存关系的数学模型，因此可以通过投入产出模型来反映国民经济各部门及再生产各环节间的内在联系，当把与各种经济政策有关的某些变量（如价格、劳动报酬、税收等）作为外生控制变量时，利用投入产出模型就能模拟出不同经济政策的实施可能产生的影响，这些影响为制定有关经济政策提供了科学的参考依据。

（6）动态因子方法

动态因子模型（dynamic factor model，DFM）是当前学术界和预测工作的实践机构都高度重视的一种模型。动态因子模型的优点：以高维经济变量为分析对象，引入更多的指标信息，更加充分地反映了经济系统各部门之间的相互联系。动态因子方法可排除数据异常变动对结果的影响，其分析结果对于政策制定者而言更加可靠。该方法不同于宏观经济结构模型，建立动态因子模型不需要建模者事先分析和设定宏观经济结构。动态因子模型具有高度自动化、人工干扰少的特点，建模者只需要输入经济变量，就可自动计算出公共因子和随机冲击。目前，瑞士国家银行、德国联邦银行以及欧洲中央银行都使用动态因子模型进行经济预测。

（7）智能算法

其他预测方法还有神经网络、人工智能、数据挖掘、粗糙集、混沌理论等。主要是采用人工智能、数据挖掘等方法来预测，因此，这些方法称为智能算法预测方法。

3. 应用原则

（1）定性分析与定量分析相结合的原则

在实际建模过程中，模型变量的引入往往存在两难选择：①对被解释变量有较强解释能力的一些变量，因为估计技术上以及数据自身的原因，如多重共线性，导致基本统计检验通不过，拟合度较低，所以不得不删除该变量。②为了要求模型较高的拟合度，解释变量的选择带有主观随意性，科学演变成艺术。

这种两难选择，造成经济意义上解释牵强，难以为人们理解和接受。因此，要坚持定性分析与定量分析相结合的原则，即坚持模型假定的经济理论以及经验的指导作用。

（2）关于模型规模的选择

大模型的预测精度不一定比小模型的预测精度高。每种模型均有它各自的优点和缺点，没有任何一种预测方法或预测模型会在各种情况下都比其他预测方法或预测模型表现得更好。大型的回归模型，能提供更多的有关影响预测对象变化因素的相关信息，能够更好地解释预测对象变化的原因。小型的回归模型，简单实用，往往能抓住主要规律。

（3）使用多种技术，提高预测有效性

预测中，应尽量避免所用的预测技术和数据特性与方法假设之间的不相匹配。可行的办法是坚持使用多种预测技术的原则，从而保证避免任何一种技术或应用的片面性。因为单纯的一种预测技术或方法有其局限性，一种方法，对一种工作可能有价值，而对另一种工作则可能无效。

在经济转轨时期，很难有单个的预测模型能对宏观经济频繁波动的现实拟合得非常紧密，并对其变动的原因做出稳定一致的解释。理论和实践都表明：在各种单个预测模型各异且数据来源不同的情况下，使用多种预测技术，综合多种预测结果，可能获得比任何一个独立预测值更好的预测，能减少预测的系统误差，显著改进预测效果。

应用多种预测技术是为了保证预测方法尽可能灵活，使预测人员的判断不致过度依赖一种具体的预测技术。因此，建议使用两种或两种以上的预测技术来描述数据的历史情况，多种独立预测方法应各有侧重，又有机联系，并以此预测未来，以提高选择合适预测的可能性。

（四）初步选择的准则

有了一系列可供选择的预测技术以后，常常可立即舍弃某些技术。进行这种初步选择应做的一些考虑如下：预测的时间范围、精确度要求、预测的详细程度、要求预测的量。除此以外，其他的考虑还包括：预测使用者是否乐意接受给定的技术和方法，所选择的方法或预测能否与预测应用过程相配合。

1. 时间范围

为特定预测对象选择最适用的预测方法的最有用的评定标准是时间范围。时间范围是指要求预测到未来的时间期限。对于不同的预测任务和对象，需要不同的时间范围。这些期限一般有短期（1~3个月）、中期（3个月~2年）及长期（2年以上）。

在短期预测中，长期趋势因素一般是不重要的，关键的可能是季节变动、循环变动因素，以及那些短期变动因素。因此，在常用于短期预测的方法中，能识别和预测季节变动、循环变动是非常重要的。而当预测期限在一个月或更短时，季节变动和循环变动因素也就失去了意义。

在中期预测中，最主要的是循环变动因素以及转折点的鉴别。因为对准确性的要求较之短期预测要高，所以应使用更准确、更复杂的方法。然而，现有的方法中，对转折点的预测均不尽如人意。

在长期预测中，最重要的是长期趋势因素以及预测何时达到饱和点或发展速度将在何时开始变化。通常将定量方法和定性方法结合起来使用。定量方法确定基本模式以及对其未来的外推，定性方法则研究长期趋势中可能出现的偏差及其发生变化的可能性。

2. 准确性要求

预测的准确性包括预测模式的准确性和预测转折点的准确性两部分。不同的预测方法，在准确地预测某种基本模式的延续性方面和预测该模式的转折点方面，其能力是各不相同的。有的方法根本不能用来预测转折点，而其他的一些方法则非常适宜于两种预测情况。

3. 预测的详细程度和数量

要求预测人员还应该考虑预测数量与详细程度。预测人员一般因为缺乏相关资源，在很多预测中不能应用建模技术的所有方面，需要根据可获得的资源情况、预测数量与详细程度选择相应的技术。对于预测数量较大的，尤其需要重视合理性检验，以确保各部分预测相互吻合。例如，如果只关心单个变量的预测，则建立自回归分布滞后模型、误差纠正模型等；如果时间序列较短，又有微观的截面数据，则可建立面板数据模型进行预测分析；若要政策分析，则可以应用 VAR 模型进行脉冲相应分析，可以建立 CGE 模型、DSGE 模型进行政策冲击分析，可以建立结构计量模型进行政策模拟分析。

为了正确地挑选预测技术，预测人员必须了解预测问题的性质，了解正在调整过程中的数据的性质，列出全部可能的、有用的预测技术，包括有关它们能力和限制方面的资料，一些在做选择决定时应依据的预定标准。评价标准的根据是：对问题的一般可靠性和应用性，通过对其他使用技术有效性比较而得的有关数值，有关的性能（精确度）水平等方面。

在预测过程中，为了应用简化的数学方法阐述时间序列的历史动向，可以使用几种预测技术，也可用同一个数学模型，取预测数据的种种未来特性。用简化的模型阐述现实的复杂性时,很明显,绝不能一概而论地认为,一种模型可适用于任何给定的预测情况。因为作为各种预测技术的基础假设和理论限制了它们的适用性与可靠性。

预测人员应注意避免所用的技术和数据特性与方法假设之间的不相匹配。为此，使用多种预测技术是一条基本的原则。在实际开发预测的时期，按照这条原则，预测人员可保证避免任何一种技术或应用的片面性。使用多种预测技术的目的是保证预测方法尽可能灵活，使预测人员的判断（这种预测过程是相当关键的）不会过度依赖一种具体的预测技术。预测人员对一种预测技术产生偏爱是常见的事。对所偏爱的技术，即使在新的情况下，也几乎仍旧使用它。产生这样的偏爱是因为某些技术具有较高的专业特性，但这种偏爱对预测结果会产生较大的影响。

有些预测人员总是使用统计上最成熟的技术。很多情况下，这种倾向大大地降低了预测过程的有效性。因为一些很成熟的技术并不适应时间序列急剧变化的模式，并且预测技术的预测精度不一定是成熟度的直接函数。

建议使用两种或两种以上的预测技术来描述数据的历史情况，并以此预测未来。这样做的目的是使人们能够评价对未来的各种看法。当然，还需提供与各种方案相关的风险度。因为能够对未来的各种看法进行比较，所以提高了选择合适预测的可能性。

三、预测模型的评价

预测模型是完成预测工作的主要工具，在应用模型进行预测前，需要对预测模型进行分析和评价，涉及的内容主要包括如下几个方面。

（一）模型是否合理

预测模型是在一定的简化假设下，对实际事物发展规律的模拟。因此，它应具有与事物的发展相一致的规律，与理论意义相符。否则，说明预测模型不合理，需要进行改进。

（二）模型是否具有预测能力

建立预测模型的目的是预测应用，模型是否具有预测能力自然是选择模型的主要标准。事物发展的历史规律与未来规律可能相同，也可能不同。即使不同，也是在原有规律的基础上逐渐转变。因此，模型的预测能力主要表现在如下两个方面。

1. 看模型是否刻画了历史规律

模型都是基于历史统计数据建立的，因此必须反映事物发展的历史规律。

2. 看模型能否为预测期间的发展规律提供重要的信息

各种因素不断发展变化，改变事物发展的条件，可能会影响历史规律的演变。因此，直接使用基于历史数据建立的模型进行预测，在模式发生变化的时候，会出现较大的预测误差。因此，我们经常需要根据未来的一些假定，对历史数据建立的模型进行一些修正。需要说明的是这种修正仅为小幅修正，例如，对参数的大小进行修正。如果是线性模式到非线性模式，已经不属于修正，而属于颠覆原来的规律。因为线性模式的模型不可能为非线性模式的模型提供信息。因此，分析模型的预测能力，还要看模型能否为预测期间的发展规律（或者说规律的修正）提供重要的信息。

（三）模型是否稳定

模型的稳定程度表现在其参数和预测能力是否受统计数据变化等因素的影响。如果选择不同的样本期间建立的模型，其参数和预测能力并没有受到较大的影响，则说明该模型具有较高的稳定程度，反之，则说明该模型的稳定程度较低。稳定程度较高的模型比稳定程度较低的模型抗干扰性强，使用的时间长，应该是优先选择的对象。

（四）模型是否足够简洁

在模型的预测能力相当的情况下，形式简单、易于运用和操作的模型是优先选择的对象。例如，当用一个自变量建立的因果关系数学模型与用两个自变量建立的因果关系数学模型所获得的预测结果相近时，自然应该选择前者。因为前者在进行预测时只需要确定一个自变量的数值，而后者则需要确定两个自变量的数值。一方面，增加自变量会增加预测工作量；另一方面，预测期间自变量的假定存在误差，自变量越多，这种误差可能就越大。因此，选择简单模型具有其不可比拟的优越性。

四、预测准确性

（一）如何理解"预测准确性"

在预测的整个过程中，不管使用什么样的方法，最后都有一个问题：我们的预测结果是否准确，并依此来对预测结果做出进一步的分析。

从广义上看，准确的预测是指预测结果能否为决策者做出正确的、科学的决策提供有价值的、可靠的未来信息。我们往往认为，预测结果是否如期实现才是预测好坏的唯一标准。实际上，这种观点并不科学。预测是"预测——决策——行动——结果"整个过程的第一步，预测为后面的决策服务，经历了整个过程，可能会出现以下两种情况。

1. 自成功预测

指只要做出了这种预测，其结果就会自动成功。预测本来是不必正确的，但结果的确发生了。例如，在两个人的交往过程中，如果你预测与对方的相处将会是融洽的，那么必然会导致你重视与他的交往，促使预测结果的发生。

2. 自失败预测

指只要做出了这类预测，其结果就会自动失败。例如，预测在上下班高峰搭乘机场巴士，将会因堵车而不能及时搭乘航班，当做出了这样的预测，必将提前出发，或者搭乘地铁。所以，当初的预测结果自然不会发生。这类预测，虽然其结果并没有发生，但却是至关重要的。

根据预测者（或决策者）影响预测结果实现的程度，可将预测分为三类：第一类是决策者无法控制也难以影响预测结果能否实现，如天气预报等；第二类是决策者完全能控制预测结果能否实现，如自成功预测、自失败预测等；第三类是决策者只能部分地控制或影响预测结果的实现，这类预测不同程度地含有自成功或自失败的因素。

绝大多数技术预测属于上面的第三类预测。显然预测结果能否实现只能作为第一类预测的标准。因此，预测的准确度归根结底要看它是否为决策者提供了可靠的未来信息，以使决策者做出科学的、正确的决策，最终使得决策者的利益或满意程度最大化。

一般来讲，任何定量的预测都不可能达到完全准确。科学的预测是对客观事物运行发展规律的模拟，各种预测技术和方法的实质，正是寻求研究对象发展变化中隐含的规律，如惯性原理、类推原理、相关原理、概率推断原理等。然而，正如当今科学的成就依然只是揭开了宇宙的神秘面纱的一角，这些规律也只是客观事物发展变化最主要、最显著的规律。世界上没有一成不变的事物，类似的事件也不是彼此的机械重复。也许唯一能够确定的事实就是事物未来状态的不确定性。

因此，对预测误差要辩证地分析。预测过程实际上是人们根据已掌握的客观规律，对客观事物运动、变化的认识进行不断修正和不断逼近的过程。

影响经济预测准确性的因素有很多，主要包括：未来的可预测性、经济现象变化模式或关系的存在性、预测方法选取的合理性、所建模型的正确性、资料的准确和全面性、预测者的素质和经验等。其中，未来的可预测性是影响预测效果好坏的重要因素。受各种因素的影响，经济现象的可预测性明显低于自然现象的可预测性。在经济预测中，不同的经济现象的可预测性也存在较大的差别。经济现象变化模式或关系的存在是进行预测的前提条件。因此，模式或关系的识别错误、模式或关系的不确定性、模式或现象之间关系的变化性等问题，将直接对预测结果产生影响。

（二）预测准确性的衡量

衡量预测准确性，一般采用预测精度或者预测误差。预测精度是指预测模型拟合的好坏程度，即由预测模型所产生的模拟值与历史实际值拟合程度的优劣。预测精度是衡量预测方法是否适用于预测对象的一个重要指标，但不是必要指标，也不是唯一指标。预测精度仅是对历史情况的一个评价，该指标是否优良并不能保证未来的预测精度，仅为一个参考值。若均衡模式不发生变化，则预测精度可以提供重要的参考信息；若均衡模式在预测期间发生变化，则预测精度失去了指导意义。对于预测使用者来说，过去的预测精度毫无价值，只有未来的预测精度才是最重要的。

五、预测工作的分析与反思

预测工作不仅是提供预测结果（或预测值），还是基于预测结果的预测分析。其目的是希望通过预测分析，为决策者提供有效的信息。因此，我们需要评价预测工作，通过分析与反思不断提高预测的水平和能力。

任何预测工作，均受到信息的限制。在预测问题的分析中、在预测方法的选择上、在模型的建立过程中等，都融入了一些个人的经验、知识等非定量的主观判断因素。因此，在完成预测工作之后，为了使其最大限度地为决策者提供正确、有效的信息，还必须对预测工作进行评价和反思。

（1）模型的假设与简化是否合理？预测建模中，需要对问题做一些假设与简化，这些假设是否与理论或常识相符？

（2）数据与信息是否有效以及质量是否可靠？数据与信息是预测工作的基础，其有效性以及质量问题也是反思的一个重点。此外，还需要考虑是否能得到其他有用的新的数据与信息，信息补充后是否支持原有结论？

（3）预测方法的选择和运用是否合理？每个方法和模型有其不同的适用范围。对于特定的经济预测问题，所选择的方法是否恰当，对预测结果将会产生重要的影响？

（4）预测模型及预测结果的反思？模型估计结果是否与理论相符？如果不相符，需要进一步分析出现差异即原因。预测结果是否与常识判断相一致？如果不一致，原因是什么？随着预测区间变成历史区间，分析预测结果与实际数据之间的差异，以及差异的原因。

（5）预测分析是否全面？对于预测结果体现的信息，是否已经充分挖掘？是否已经满足预测需求者的要求？

第三节　预测过程及系统流程

一、数据分析的重要性

（一）数据分析的必要性

很多从事预测的人员和预测方法的作者，都倾向于专心建造较复杂的模型，而不愿使模型简单化。对于日益复杂的模型，分析预测误差的来源是困难的。经验表明，许多预测成果之所以被取消，是因为数据的质量和处理方面的缺陷，而不是缺乏精致复杂的模型。因此，应强调数据的分析方法(其中很多是直观的和图形的)，这是改进预测的关键。

目前国内预测工作的开展主要侧重于预测建模，缺乏一定的系统性，也缺乏长期性和稳定性。实际上，预测是一个过程，整个过程的前后关系中也包含着很多重要的信息，而这些信息需要通过理解数据并了解产生数据的过程进行信息分析。同时，建模预测并不是最终的结果，而是决策过程的输入，对于建模预测结果进行数据分析也是非常必要的。

因此，在掌握数学和统计知识的基础上，了解预测过程的系统流程，并重视数据分析，对预测人员来说，是非常重要的。遵循一个系统的分析过程，可以降低预测工作中不自觉地忽视关键步骤的可能性。本书将系统地介绍预测过程的流程，包括问题分析及理论建模、实证建模的准备阶段、实证建模、预测及预测呈报、预测跟踪。在概述流程中，强调预测过程的数据分析，这是改进预测的关键。

（二）数据分析的重要性

数据分析是预测过程的基础，对提高预测效果非常重要。首先，通过数据分析，可以总结和揭示时间序列数据中隐含的信息，为预测人员有效地选择一个好的初始模型提供重要信息。其次，结合数据分析，可对模型和预测值进行判断，可提高决策的质量和有效性。此外，数据分析也是一个独立的过程，在建模的范围以外，在评价和解释数据中有重要的价值。

在实际的预测工作中，数据分析还有待于不断地探索。因为数据分析实质上是无止境的和重复的，要采取的分析步骤不一定总是明确的，详细数据分析过程的性质还取决于上一阶段数据分析所揭示的信息。

实际上，从系统角度来看待预测过程可能更为合适。预测系统应该是一个情景化的模拟系统，存在着不断反馈调整的机制。如何充分地挖掘信息并给出正确及时的反馈，需要基于详细的数据分析结果。在预测系统中，输入就是历史数据信息、对未来形势的判断等，输出就是对未来的预测值；而数据分析连接建模预测和决策过程，并为反馈机制提供了基础。

二、预测过程框架

预测的目的是预测未来的事件、条件或变化。如果未来的事件仅表现为由历史事件而来的、稳定的、定量的变化，则可以通过历史数据对未来进行定量反映，预测出未来的变化。然而，实际经验表明，未来的事件或条件不是历史数据的唯一函数，还存在着很多不确定性因素。定量预测结果，应该作为决策过程的输入，需要结合数据分析改进实际的预测。因此，遵循系统化的预测过程，可以促进预测工作的长期开展，在一定程度上保证预测工作的稳定性；结合定量预测和行为决策，强调数据分析的重要性，可极大地提高预测工作绩效。

三、预测过程流程概述

预测过程不仅是一种精确的科学，还是一种艺术，这不仅表现在建模过程，还表现在决策过程。虽然预测过程是确定的、有规则的，并有一套专用工具和技术来支持，但同时还需要结合人的判断和直接观感对结果进行一定的"艺术化"处理，而这需要基于有效的数据分析。

在预测人员——问题——解决者三者的关系中，问题——解决者深知有关问题的环境和应当考虑的变量等知识；而预测人员具备预测过程和预测方法等方面的知识，充当顾问的角色。基于系统的预测过程进行研究，并有效结合数据分析，能极大地提高预测工作的效率和质量。因此，对于预测人员来说，在掌握定量模型的技术之外，还需具备一定的数据分析能力，以及数据分析经验。

（一）问题分析及理论建模

首先，预测人员需明确预测用户的需求，了解预测的使用对象以及他们需要的信息类型，并识别可能影响预测问题变化的因素。其次，查阅文献资料，定义问题及理论建模。其中定义问题是任何预测的关键阶段，需确定将要干什么，并制定为顺利完成设计和预测的标准。在此基础上分析数据来源，并列出预测技术。一般使用的预测技术可划分为定性和定量两种。定性技术提供框架，而定量技术负责解决框架中的具体问题。

初步选择预测技术的准则包括预测的时间范围、精确度要求、预测的数量及详细程度。时间范围是指要求预测到未来的时间期限，一般有短期（1~3个月）、中期（3个月至2年）及长期（2年以上）。预测的时间范围同预测方法的选择有直接的关系。一般来说，时间范围越长，对定性方法的依赖就会越大。短期和中期预测可应用各种定量方法，当时间范围增加时，有些技术便不再适用。例如，移动平均法、指数平滑法和单变量 ARIMA 时间序列模型都不大适合用于有转折点的预测；2年以上的预测一般也不推荐使用这些方法。但是，计量经济和转换函数模型对此却较为有用。此外，投入产出模型不适用于短期预测，因为这些模型通常不是以当前的截面数据为基础的。

精确度也是一个要考虑的重要因素。经验表明，ARIMA 类的时间序列模型能提供很精确的短期预测；对于长期预测，需要使用回归模型或计量经济模型。当有充分的数据，并且精确度要求高时，建议使用 ARIMA 和回归（或计量经济）两种模型。一般说来，短期预测使用 ARIMA 模型与计量经济模型都可以。但后者在预测经济条件、价格变化、竞争活动及其他解释性变量方面更为优越。

需要注意的是，适合于大范围（宏观）需求的预测或方法，如果应用于个别变量，可能不会得出令人满意的结果。因此，也需考虑预测的数量以及详细程度。

（二）实证建模的准备阶段

在建立预测模型之前，需要收集、准备数据，分析并了解数据。这是因为许多时间序列的模式不能直接应用标准预测方法。通常需从两个方面准备数据：如何使数据成为适合于建模的形式；重新表示数据，使它们与定量技术中的建模假设一致。实际上，建模之前对数据进行分析，如变换、季节调整和差分运算都是很重要的，从而可以尽量接近基本模型的假设。

1. 需要判断数据的质量，并概括数据

为了要进行预测而作的数据分析，需要仔细地考虑原始数据的质量。为确定数据对建立模型的适用性，应从以下一些标准去考虑：准确性，需要的数据应有可靠的来源，并需适当注意数据的准确性；适合性，数据必须适合于表示使用它的现象，太平滑或太反常的数据可能不适合反映建模要求的模式；时间性，数据的更新应及时；一致性，数据在使用它的整个期间内必须是一致的。基于数据质量的判断，还需要概括数据，便于在形态或分布方面使信息定量化。概括数据需要了解大多数的数据集中程度；数据表现出了什么样的波动；有无极端值或异常数据值等。从分析工具看，一般使用统计量来概括数据。例如，说明趋势中心的统计量，如平均值、中位数；衡量离散的尺度，如标准差、中位数绝对离差和级差；分位数－分位数曲线图，确定一个数据组，特别是一个回归模型的残差是否遵循正态分布。

2. 分析时间序列的成分，准备数据

分析时间序列的成分，长期趋势加周期性、季节因素、不规则因素，揭示和识别它的成分。揭示关键成分，可增加对数据产生过程的了解，从而增加成功预测这些模式的可能性。

3. 对数据进行变换以调整数据

这是数据分析过程中的一个重要部分。在时间序列的分析中，选择适当变换后，首先，可以应用建立线性时间序列模型的技术；其次，可确定预测误差的近似正态分布，计算预测的置信区间；最后，确定预测误差方差的恒定性，这是提出最小二乘回归法的基础假设。

4. 异常值的处理也是非常重要的

因为异常值对模型有很大的影响，所以需集中讨论对异常值的分析和调整。再考察从变换和建模过程中得到的残差，也常会发现数据中的异常值。

5. 了解数据, 即探索性数据分析

包括考察数据、吸收数据的提示、使用各种总结和展示的方法来剖析产生数据的过程。

(三) 实证建模

建立预测模型是预测人员工作的辅助手段, 它试图产生一个简单的现实表达式 (模型), 归纳关键的因素而排除非关键因素。预测人员可以通过诊断 (特性) 来确认模型。一些有用的分析工具 (如残差分析和预测检验) 可用来确定一个初期的模型是否有可能进一步改进。诊断检查阶段可以考虑新的变量, 可以进行变量转换来改进模型; 并且, 如果一些技术不能提供统计上有意义的结果, 或不能达到所希望的精确度, 就舍弃它们。

回归模型中的残差分析是一种处理过程, 旨在揭示与模型所假设的残差分布。由于参数和置信限的统计有效性取决于对误差分布假设的正确性, 残差分析可能是评价回归模型唯一最有效的 "诊断手段"。例如, 离差不断增大的残差模式, 可能提出需要变换一个或多个变量, 如对数和平方根变换。此外, 残差分析, 对识别异常值、提出变换建议和补充建模提供某些指导也是很有用的。预测检验是另外一种分析工具, 需要根据模拟预测结果评价和选择模型, 并对模型进行一定的修正。

(四) 预测及预测呈报

预测是一个产生、检验、判断并修正、批准实际预测的阶段, 这一阶段的工作从选择模型产生预测开始。首先, 需要估计预测的可靠性, 用规定的置信水平上的界限来对预测的可靠性做出估计。可靠性可以用预测值与实际情况之间偏差(量)的百分比来表示。例如, 当置信水平为 90% 时, 当年购买新车数的预测为 1000 万辆 ±70 万辆; 另一种说法是, 在该预测模型中, 新车销售量的预测结果与实际销售量之间, 每年的平均偏差为 7%。

在最后确定预测值和确定何时应修改预测时, 判断都起着重要的作用。预测中的主观判断应该以全部可应用的资料为基础, 其中包括政策的变动、经济条件的变化等。在预见未来时, 判断是最具有决定性的要素。有根据的判断将预测过程和预测技术连接成为一个紧密结合的效能, 它能够用现实主义的观点, 来预测未来的事件和条件。

明智的判断应包括: 预测方法的选择、数据来源的选择、数据收集方法的选择、分析和预测技术的选择、预测过程中分析和预测技术的使用、影响因素的鉴别、确定这些因素将如何影响、预测呈报方式的选择等。明智的判断在减少与预测有关的不确定因素方面起着重要的作用。自动预测过程、模型或统计公式常用来从一组关键因素中计算未来的需求。目前还没有一种方法能显著地减小对健全判断的依赖性。判断必须建立在对市场活动的全面分析和对基本假设及影响因素彻底评价的基础上。统计方法能提供一个信息的轮廓，围绕它可以应用分析技能和判断来达到并证实一个健全的预测。

基于判断，结合情景分析，修正模型预测结果，然后推荐预测数字。预测人员在推荐预测数字的时候，应认识到各种模型是从现实中提炼出来的，未来绝不会与过去完全一样。模型预测必须被看作对未来进行主观判断的辅助手段。

批准实际预测值后即需呈报预测。任何预测的价值取决于它为决策过程提供信息的程度。因此，预测呈报需要有一个详细的呈报报告，包括引言、正文和结论。引言包括对每个关键项目提出的新预测、上次预测后的变化，检查从上次预测以来重要变化的原因。正文包括具体的假设及其基本原理的资料。编制假设报告是预测的关键，是以后分析预测性能必不可少的资料；说明要对模型预测值进行调整，使其与未能确定的经济展望相一致的依据；提供多种可选择的方案，如乐观的、最可能的、悲观的，以便用户更好地理解预测中的不确定性因素；包括具体的假设、对所使用的方法的概述、每种方法的要点以及可选择方案的介绍。

（五）预测跟踪

任何一种被预测的事物，它的初次预测有一个起点，但没有终点。初次预测要履行预测过程的全部步骤，以后的各次预测，则只是对原预测的修改和扩充，这需要持续的预测跟踪。预测跟踪是对可能得到的实际数据进行跟踪，以便为预测进行验证或需要时进行修改，并使在预测过程中使用的定量模型得到及时有效的更新。

预测结果的跟踪，不仅是为了知道这些结果的当前情况与预测的可能发生情况之间的关系，还是为了以后更好地预测。预测跟踪包括将新近公布的实际数与现在的预测相比较并将比较结果呈报，以及对作为预测基础的假设进行监测。此外，不断地监测原定的假设和结果，并在必要时修改预测。对预测和假设进行恰当的跟踪，预测人员就能在预测需要修改时告诉管理部门。跟踪结果还能帮助预测人员更好地理解模型及其功能，以及与预测有关的不确定性因素。

跟踪预测的工具包括梯形图、预测—实现图、月度和累积的置信界限图（预测误差的置信界限）等。其中梯形图是一种监测预测结果的简单而有效的工具。梯形图是曲线图，对一年的各个月列示了几项序列：过去 5 年的平均数、上一年度的数据、本年度实际值、本年度预测值。梯形图是迅速断定预测需要进行较大修改的最佳工具之一。

预测误差的置信界限，是将预测误差与其置信界限一起对时间作曲线图，连续过高或过低预测是早期的警告信号。当预测误差连续地位于零线之上或之下时，这种情况就很明显。即使个别预测误差可能位于月度的置信范围之内，误差累积总数的曲线图也可能显示其总数会超过其置信范围。

跟踪模型，需要使用实际值对预测期的自变量重新进行模型运算，即事后预测。使用自变量的预测值进行实际的预测称为事前预测。误差分为两个组成部分：由于模型本身而产生的部分和由于对自变量预测不正确而产生的部分。如果误差主要是由于模型引起的，或许就可以建立一个较好的模型。如果误差主要是由于对自变量预测低劣而产生的，预测人员可能要对这些变量寻求较好的预测。还可以将原来模型的残差与事后模型的残差进行比较并加以选择。如果原来模型中存在自相关残差或某些其他残差而事后模型中却不存在，那么模型本身可能是个好模型，但自变量的预测仍然需要改进。

（六）预测过程文件化

把预测过程各阶段的工作文件化，是预测的不可缺少的部分。预测人员必须把采取的具体步骤和所做的假设都记录下来，才能在比较实际数据时，对结果做出有意义的分析。只有做过的工作都有文件资料时，才有可能确定预测与实际不相符的原因，这些原因对评价预测人员的工作是很有帮助的。当预测人员变动时，新的预测人员不必从无到有地重新作预测，原来的模型、案例研究和资料可供使用。

第六章 宏观经济及金融市场经济预测技术

第一节 一元回归预测技术

在经济系统中，由于存在生产、分配、交换和消费等经济活动，信息流、物流、资金流在系统中依序流动着，各生产要素、各经济变量有的以实物形态出现，有的以货币形态表示，如产品的销售量、投资额、价格、利润、GDP 等，最终都可表现为一定的数量关系。例如，人均收入与人均消费支出，商品的价格与需求之间等都有某种关系存在。在这些关系中，有一类是我们特别关心的，那就是因果关系。人们可从因果关系出发，通过统计资料，建立数学模型进行预测。这类方法称为因果关系预测法。在这类方法中，使用频率最高的是回归分析预测法。

回归分析法起源于生物学的研究。英国生物学家高尔登（Francis Galton）在 19 世纪末叶研究遗传特性时，发现父亲的身高与儿子的身高之间有较密切的联系。一般说来，父亲的身材高大，其子也比较高大；父亲矮小，儿子也偏于矮小。但是，大量的研究资料发现，身高有一种向平均数回归的倾向，即身材很高的父亲，其子比父亲略矮；反之，很矮的父亲，其子比父亲略高。这种身高倾向于平均数的特性，就称回归。高尔登在著作《自然的遗传》中，提出了回归分析方法以后，很快就应用到经济领域中来。美国经济计量学的先驱者摩尔（H.L.Moore）就首先应用它来研究经济循环和预测，发表了应用回归分析作商品预测的有关文章。自此以后，应用回归分析对经济做定量分析，建立经济计量模型作定量预测的成果比比皆是，发表文章的数量呈指数级增长。目前，回归分析的理论与应用，均已达到了成熟的阶段。

一、回归系数的简便求估方法

求估一元线性回归模型的回归系数，有两类方法：一类是直观且使用方便的简明方法，另一类是相对复杂但比较精确的方法。前者的估计精度较低，适合于只获取描述性预测结果的用户；后者的精度较高，适合于较严密的定量预测。本节只介绍简明方法。

（一）目估作图法

把 n 组数据点绘在坐标纸上，假如画的点群呈一条直线带，就在点群中画一条直线，使得直线两边的点差不多相等。这条直线可以近似地当作回归直线，利用它可以在坐标纸上直接进行预测。例如，某产品 1～7 月的销售量有如表 6-1 所示。

表6-1

月份	1	2	3	4	5	6	7
销售量	24	30	35	41	47	52	58

以月份 t 为横坐标，实际销售量 y_i 为纵坐标，点在坐标纸上，如图 6-1 所示。利用直线 l，可得到 8 月份的销售量预测值为 63。

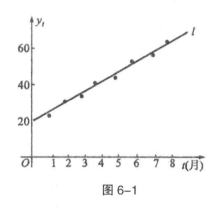

图 6-1

（二）平均值法

设回归方程为

$$\hat{y} = a + \hat{b}x \qquad （公式6-1）$$

现要通过 n 组观察数据 (x_i, y_i)，$\cdots i = 1, 2, \ldots\ldots, n$，求估 $\hat{a}$ 与 $\hat{b}$。具体做法是将这 n 组数据分别代入回归方程，然后将这 n 个方程平均分为 2 组（分组数等于待估回归方程系数的个数），把每组内的方程分别相加，得到一个二元一次联立方程组，解之即得 $\hat{a}$、$\hat{b}$。

二、回归系数的精确求估方法

回归系数的精确求估方法有最小二乘法、最大似然法等多种。这里将介绍最小二乘法。

对于回归方程 $\hat{y} = a + \hat{b}x$ 式，用 x_i 的数据代替 x，就得到相应于 y_i 的估计值

$$\hat{y}_i = a + \hat{b}x_i \qquad\text{（公式6-2）}$$

$\hat{y}_i$ 与 y_i 之差称为估计误差或称残差，以 e_i 记之

$$y_i - \hat{y}_i = e_i$$

则

$$y_i = \hat{y}_i + e_i = a + \hat{b}x_i + e_i \qquad\text{（公式6-3）}$$

显然，误差 e_i 的大小，是衡量估计量 $\hat{a}$、$\hat{b}$ 好坏的重要标志。现在的问题是怎样选取 $\hat{a}$、$\hat{b}$ 时，才能使所有的值都尽可能得小。衡量总误差最小的准则有许多种，例如，最大绝对误差最小，绝对误差的总和最小，也可以是差误的平方和最小等等。在这些准则中，最便于应用的是误差平方和最小这一准则。今后，我们将应用这一准则对参数a、b做出估计。

令

$$Q = \sum_{n}^{i=1} e_i^2 = \sum_{n}^{i=1}\left(y_i - \hat{y}_i\right)^2 = \sum_{n}^{i=1}\left(y_i - a - \hat{b}x_i\right)^2 \qquad\text{（公式6-4）}$$

使 Q 达到最小以估计出 $\hat{a}$、$\hat{b}$ 的方法称为最小二乘法。

在方程 $\hat{y} = a + \hat{b}x$ 中，求取回归系数 $\hat{a}$、$\hat{b}$ 的法则是使 Q 达到最小。现写出 $\hat{a}$、$\hat{b}$ 的估计公式，由多元微分学可知，使 Q 达到最小的 $\hat{a}$、$\hat{b}$ 必须满足

$$\left.\begin{array}{l} \dfrac{\partial Q}{\partial a} = -2\sum_{n}^{i=1}\left(y_i - \hat{a} - \hat{b}x_i\right) = 0 \\[2mm] \dfrac{\partial Q}{\partial \hat{b}} = -2\sum_{n}^{i=1}\left(y_i - \hat{a} - \hat{b}x_i\right)x_i = 0 \end{array}\right\} \qquad\text{（公式6-5）}$$

这里，n 是样本数据的组数。化简得到

$$\left.\begin{array}{l} n\hat{a} + \hat{b}\sum_{n}^{i=1}x_i = \sum_{n}^{i=1}y_i \\[2mm] \left(\sum_{n}^{i=1}x_i\right)\hat{a} + \hat{b}\sum_{n}^{i=1}x_i^2 = \sum_{n}^{i=1}x_i y_i \end{array}\right\} \qquad\text{（公式6-6）}$$

求解上述方程组得

$$\hat{a} = \frac{1}{n}\sum_{n}^{i=1}y_i - \hat{b}\frac{1}{n}\sum_{n}^{i=1}x_i = \overline{y} - b\overline{x} \qquad （公式6-7）$$

$$\hat{b} = \frac{\sum_{n}^{i=1}x_iy_i - \overline{x}\sum_{n}^{i=1}y_i}{\sum_{n}^{i=1}x_i^2 - \overline{x}\sum_{n}^{i=1}x_i} \qquad （公式6-8）$$

这里

$$\overline{x} = \frac{1}{n}\sum_{n}^{i=1}x_i, \quad \overline{y} = \frac{1}{n}\sum_{n}^{i=1}y_i$$

当 $\sum_{n}^{i=1}x_i = 0$ 时，

$$\hat{b} = \frac{\sum_{n}^{i=1}x_iy_i}{\sum_{n}^{i=1}x_i^2}, \quad \hat{a} = \overline{y} \qquad （公式6-9）$$

$\hat{a}$、$\hat{b}$ 称为 a、b 的最小二乘估计量。可以证明，$\hat{a}$、$\hat{b}$ 以及 $\hat{\sigma}^2 = \dfrac{Q}{n-2}$ 是 a、b 和 σ^2 的无偏估计量。

三、回归方程的显著性检验

（一）可决系数

所谓可决系数或判定系数，是反映拟合优度的概括性的度量指标。所谓拟合优度，是指由样本数据拟合回归直线的优劣程度。若所有的数据点均落在回归直线上，这种拟合是最理想的，称为"完全拟合"。但这种情况很少，大多数的情况是样本数据点围绕回归直线的两边散布着。因此，y_i 可以表示为

$$y_i = \hat{y}_i + e_i = a + \hat{b}x_i + e_i \qquad （公式6-10）$$

（6-10）式说明每个观察值变量 y_i 均可分解为估计值 $\hat{y}_i$ 和残差 e_i 两部分。为使这种分解更为具体，将（6-10）式两边均减去观察值 y_i 的均值 $\hat{y}_i$，从而有

$$y_i - \overline{y} = \hat{y}_i - \overline{y} + e_i \qquad （公式6-11）$$

将（6-11）式两边先平方再求和，得到

$$\sum_{n}^{i=1}(y_i - \overline{y})^2 = \sum_{n}^{i=1}(\hat{y}_i - \overline{y})^2 + \sum_{n}^{i=1}e_i^2 + 2\sum_{n}^{i=1}(\hat{y}_i - \overline{y})e_i$$

$$= \sum_{n}^{i=1}(\hat{y}_i - \overline{y}^2) + \sum_{n}^{i=1}(y_i - \hat{y}_i)^2 + 2\sum_{n}^{i=1}(\hat{y}_i - \overline{y})(y_i - \hat{y}_i)$$

上式交叉项，由（6-4）式及（6-5）式得到

$$\sum_{n}^{i=1}(\hat{y}_i - \overline{y})(y_i - \hat{y}_i) = \sum_{n}^{i=1}(y_i - \hat{y}_i)(\hat{a} + \hat{b}x_i - \overline{y})$$

$$= (\hat{a} - \overline{y})\sum_{n}^{i=1}(y_i - \hat{y}_i) + \hat{b}\sum_{n}^{i=1}x_i(y_i - \hat{y}_i)$$

$$= (\hat{a} - \overline{y})\sum_{n}^{i=1}(y_i - \hat{a} - \hat{b}x_i) + \hat{b}\sum_{n}^{i=1}x_i(y_i - \hat{a} - \hat{b}x_i)$$

$$= 0$$

故

$$\sum_{n}^{i=1}(y_i - \overline{y})^2 = \sum_{n}^{i=1}(\hat{y}_i - \overline{y})^2 + \sum_{n}^{i=1}(y_i - y_i)^2 \qquad \text{（公式6-12）}$$

上式说明以下三个问题：

第一，$\sum_{n}^{i=1}(y_i - y)^2$ 表示观察值 y_i 与其平均值的总离差平方和，以 S 总记之。

第二，$\sum_{n}^{i=1}(\hat{y}_i - \overline{y})^2$ 是总离差平方和的一部分，它是由回归直线方程 $\hat{y}_i = a + \hat{b}x_i$ 及中式的变化而引起的，它的大小（在与残差相比的意义下）反映了自变量先的重要程度，故称这部分为回归平方和，以 U 记之。

第三，$\sum_{n}^{i=1}(y_i - \hat{y}_i)^2 = \sum_{n}^{}e_i^2$ 称为残差平方和，表示不能用回归直线解释的部分，它是由其他未能切制的随机干城因素引起的残差平方和，以 Q 记之。

根据以上说明，（6-12）式可以表示为

$$S_{总} = U + Q \qquad \text{（公式6-13）}$$

（6-13）式两边均除以 S 总，则得到

$$1 = \frac{U}{S_{总}} + \frac{Q}{S} \qquad \text{（公式6-14）}$$

$\dfrac{U}{S_{\text{总}}}$ 表示了由解释变量丸的变化而引起因变量 y 的变差占总离差的百分比。因此，它是衡量回归直线拟合得好坏的一个度量指标，也就是拟合优度的度量指标。这个指标我们定义为可决系数，以 r^2 记之

$$r^2 = \frac{U}{S_{\text{总}}} \qquad （公式6-15）$$

由（6-14）式得到

$$r^2 = 1 - \frac{Q}{S_{\text{总}}} \qquad （公式6-16）$$

由（6-16）式可见，Q 越小，r^2 就越大，回归方程就拟合得越好。相反地，产值较低，说明了回归方程所引入的变量心不是一个好的解释变量，它所能解释的变差在总变差中所占的比例较低。因此，可决系数是检验回归方程拟合优度的一个重要指标。

（二）相关系数

所谓相关系数，乃是描述变量 x 与 y 之间的线性关系密切程度的一个数量指标，与可决系数密切相关，但在定义上有所不同。与可决系数一样，记相关系数为 $\hat{r}$，它的定义如下

$$\hat{r} = \frac{\sum\limits_{n}^{i=1} x_i y_i - n\overline{x}\,\overline{y}}{\sqrt{\sum\limits_{n}^{i=1} x_i^2 - n\overline{x}^2}\,\sqrt{\sum\limits_{n}^{i=1} y_i^2 - n\overline{y}^2}} \qquad （公式6-17）$$

这里 x_i、y_i 为样本观察值，n 为样本容量。这个 $\hat{r}$ 是怎样反映出变量 x 与 y 之间的线性密切程度的呢？考查 $\hat{r}$ 与回归系数 $\hat{b}$ 有何关系就可知道。由（6-8）式得到

$$\hat{b} = \frac{\sum\limits_{n}^{i=1} x_i y_i - n\overline{xy}}{\sum\limits_{n}^{i=1} x_i^2 - n\overline{x}^2}$$

$$= \frac{\sum\limits_{n}^{i=1} x_i y_i - n\overline{xy}}{\sqrt{\sum\limits_{n}^{i=1} x_i^2 - n\overline{x}^2} \cdot \sqrt{\sum\limits_{n}^{i=1} y_i^2 - n\overline{y}^2}} \cdot \frac{\sqrt{\sum\limits_{n}^{r=1} y_i^2 - n\overline{y}^2}}{\sqrt{\sum\limits_{n}^{i=1} x_i^2 - n\overline{x}^2}} \qquad （公式6-18）$$

$$= \hat{r} \cdot \frac{\sqrt{\sum\limits_{n}^{i=1} y_i^2 - n\overline{y}^2}}{\sqrt{\sum\limits_{n}^{i=1} x_i^2 - n\overline{x}^2}}$$

由此可见：

第一，$\hat{r} = 0$ 时，$\hat{b} = 0$。则回归线是一条与 x 轴平行的直线，说明 y 的变化与 x 无关，即 x 与 y 无任何线性关系，表现为点（x_i、y_i）的散布是完全不规则的。

第二，$\hat{r}^2 = 1$，此时

$$\hat{r}^2 = \frac{\hat{b}^2 \left(\sum\limits_{n}^{i=1} x_i^2 - n\overline{x}^2 \right)}{\sum\limits_{n}^{i=1} y_i^2 - n\overline{y}^2} = 1$$

$$\therefore \hat{b}^2 \left(\sum\limits_{n}^{i=1} x_i^2 - n\overline{x}^2 \right) = \sum\limits_{n}^{i=1} y_i^2 - n\overline{y}^2 \qquad （公式6-19）$$

这时残差平方和 Q 可以表示为

$$Q = \sum\limits_{n}^{i=1} \left(y_i - \hat{y}_i \right)^2 = \sum\limits_{n}^{i=1} \left(y_i - \hat{a} - \hat{b} x_i \right)^2$$

$$= \sum\limits_{n}^{i=1} \left(y_i - \overline{y} + \hat{b}\overline{x} - \hat{b} x_i \right)^2$$

$$= \sum\limits_{n}^{i=1} \left[\left(y_i - \overline{y} \right) - \hat{b} \left(x_i - \overline{x} \right) \right]^2 \qquad （公式6-20）$$

$$= \sum\limits_{n}^{i=1} \left(y_i - \overline{y} \right)^2 - 2\hat{b} \sum\limits_{n}^{i=1} \left(x_i - \overline{x} \right) \left(y_i - \overline{y} \right) + \hat{b}^2 \sum\limits_{n}^{i=1} \left(x_i - \overline{x} \right)^2$$

由（6-8）式得到

$$\sum_{n}^{i=1} x_i y_i - \overline{x} \sum_{n}^{i=1} y_i = \hat{b}\left(\sum_{n}^{i=1} x_i^2 - n\overline{x}^2\right) = b\sum_{n}^{i=1}\left(x_i - \overline{x}\right)^2$$

将上式代入（6-20）式得到

$$Q = \sum_{n}^{i=1}\left(y_i - \overline{y}\right)^2 - 2\hat{b}\left(\sum_{n}^{i=1} x_i^2 - n\overline{x}^2\right) + \hat{b}^2 \sum_{n}^{i=1}\left(x_i - \overline{x}\right)^2 \qquad \text{（公式6-21）}$$

$$= \sum_{n}^{i=1}\left(y_i - \overline{y}\right)^2 - \hat{b}^2 \sum_{n}^{i=1}\left(x_i - \overline{x}\right)^2$$

将（6-19）式代入（6-21）式，得到 $Q=0$，由此得到

$$Q = 0 \Leftrightarrow \hat{r}^2 = 1$$

这时，所有的样本点都落在回归直线上，这种情况称变量 x 与 y 为完全相关，$\hat{r}=1$ 称为完全正相关，$\hat{r}=-1$ 称为完全负相关。

第三，$0 < 1$；$1 < 1$，这是大多数情况。这时 $|\hat{r}|$ 的大小，刻画着变量 x 与 y 的线性关系的密切程度。$\hat{r} > 0$ 称为正相关，$\hat{r} < 0$ 称为负相关。由（6-21）式和（6-18）式得

$$\hat{r}^2 = 1 - \frac{Q}{\sum\limits_{n}^{i=1}\left(y_i - \overline{y}\right)^2} \qquad \text{（公式6-22）}$$

$$\therefore |\hat{r}| = \sqrt{1 - \frac{Q}{\sum\limits_{n}^{i=1}\left(y_i - \overline{y}\right)^2}}$$

由此看出若 Q 减小，则 $|\hat{r}|$ 就增大；反之亦然。$|\hat{r}|$ 大，Q 就小，这时点（x_i、y_i）就靠近回归直线；反之，$|\hat{r}|$ 小，Q 就大，这时点（x_i、y_i）离回归线就较分散。因此，$|\hat{r}|$ 的大小，是衡量 x 与 y 线性关系密切程度的重要标志。$|\hat{r}|$ 愈接近 1，x 与 y 的线性关系愈密切；$|\hat{r}|$ 愈接近于 0，x 与 y 的线性关系密切程度就愈小。因此，建立回归方程后，常常要考查 $|\hat{r}|$ 的大小，以确定回归方程有无使用价值。

值得注意的是样本相关系数的大小，同参与计算的样本点的多少有关。因此，在考查样本相关系数的大小以衡量回归方程的使用价值时，必须注意到这一点。

第二节　多元回归预测技术

在经济系统中，现实的经济现象错综复杂，有多种经济变量存在而且互相影响，每个经济变量都会受到多种经济因素的影响。例如，家庭的人均消费支出，除受家庭的人均收入影响外，还会受当地的物价水平、利率高低、消费偏好等因素的影响。这些问题促使我们要考虑多变量的回归问题。

一、多元回归的建模方法

现考虑有 P 个自变量 $x_1, x_2, \cdots, x_p$ 和 1 个因变量 y 的经济系统，假定这些变量之间有统计的线性关系，其多元线性回归模型可表示为

$$y = b_0 + b_1 x_1 + b_2 x_2 + \cdots + b_p x_p + \varepsilon \tag{公式6-23}$$

其中 ε 是随机干扰，服从均值为 0，方差为 σ^2 的正态分布，$\sigma, b_0, b_1, \cdots, b_p$ 是待估参数，其中 σ 为隐含参数。为求出待估参数 $b_0, b_1, \cdots, b_p$ 及 σ^2 的值，需对 y 及 $x_1, x_2, \cdots, x_p$ 作 n 次观察。

于是有

$$y_i = b_0 + b_1 x_{1i} + b_2 x_{2i} + \cdots + b_p x_{pi} + \varepsilon_i \qquad i = 1, 2, \ldots, n \tag{公式6-24}$$

其中，$\varepsilon_i - N(0, \sigma), i = 1, 2, \ldots, n$，是相互独立的随机变量。这种模型的理论回归方程为

$$E(y) = b_0 + b_1 x_1 + b_2 x_2 + \cdots + b_p x_p \tag{公式6-25}$$

根据样本数据 $y_i, x_{1i}, x_{2i}, \cdots, x_{pi}, i = 1, 2, \ldots, n$，求出参数 $\sigma, b_0, b_1, b_2, \cdots b_p$ 的估计值，并进行统计检验，是建立回归模型的基本任务。记参数估计值为 $\hat{\sigma}, \hat{b_0}, \hat{b_1}, \cdots, \hat{b_p}$，则相应于（6-25）式的回归模型为

$$\hat{y} = \hat{b_0} + b_1 x_1 + b_2 x_2 + \cdots + b_p x_p \tag{公式6-26}$$

又称（6-26）式为回归方程。

二、多元回归的显著性检验

（一）复相关系数与复可决系数检验

多元线性回归模型与一元线性回归模型一样，也存在着线性关系是否密切的问题。检验线性关系密切程度的指标称为相关系数，在多元回归模型中，由于自变量在两个以上，所以称为复相关系数，记为 $R_{y \cdot x_1 x_2 \cdots x_p}$，常常把 R 的右下脚标 $y \cdot x_1 x_2 \cdots x_p$ 省去，只用 R 表示。样本复相关系数 $\hat{R}$ 的计算公式是

$$\hat{R} = \sqrt{1 - \frac{\sum\limits_{n}^{i=1}\left(y_i - \hat{y}_i\right)^2}{\sum\limits_{n}^{i=1}\left(y_i - \overline{y}\right)^2}} = \sqrt{\frac{\sum\limits_{n}^{i=1}\left(y_i - \overline{y}\right)^2}{\sum\limits_{n}^{i=1}\left(y_i - \overline{y}\right)^2}} \qquad \text{（公式6-27）}$$

复相关系数 $R_{y \cdot x_1 x_2 \cdots x_p}$ 衡量了全部自变量 $x_1, x_2, \cdots, x_p$ 与因变量 y 之间的线性关系密切程度，其数值的大小不仅与样本点的取值有关，还与样本点的多少，即与样本容量 n 有关。因此，在计算出 $\hat{R}$ 后，还必须进行统计检验，只有通过检验才能肯定所建立的线性模型的线性关系存在。检验的方法与一元线性模型的相关系数 $\hat{r}$ 的检验方法相同，可查附录的统计表 V。

在一元回归模型中的线性相关系数又称为单相关系数，因为自变量只有一个，在多元回归模型中自变量在两个以上，回归系数也是这样。为此，复相关系数只取正值，而单相关系数则不然。

复相关系数的平方称为复可决系数，即

$$R^2 = 1 - \frac{\sum\limits_{n}^{i=1}\left(y_i - \hat{y}_i\right)^2}{\sum\limits_{n}^{i=1}\left(y_i - \overline{y}\right)^2} = \frac{\sum\limits_{n}^{i=1}\left(\hat{y}_i - \overline{y}\right)^2}{\sum\limits_{n}^{i=1}\left(y_i - \overline{y}\right)^2} \qquad \text{（公式6-28）}$$

复可决系数 R^2 是检验多元线性回归模型拟合优度的度量指标，R^2 越接近 1，表示拟合得越好；反之，则拟合得不好。拟合不好是指回归方程中引入的一些自变量，不是好的解释变量，必须调整，删去一些或更换一些，重新进行拟合。复可决系数的变化范围是

$$0 \leqslant R^2 \leqslant 1$$

（二）回归方程的显著性检验

在多元线性回归模型中，所谓回归方程的显著性检验，是指回归系数 $b_1, b_2, \cdots, b_p$ 在统计假设 $b_1 = b_2 = \cdots = b_p = 0$ 的条件下，统计量

$$F = \frac{U/p}{Q/(n-p-1)} \qquad （公式6-29）$$

服从自由度为（ p ， $n-p-1$ ）的 F 分布。这里

$$U = \sum_{n}^{i=1}(\hat{y}_i - \bar{y})^2, Q = \sum_{n}^{i=1}(y_i - y_i)^2 \qquad （公式6-30）$$

故可用它来检验 $b_1 = b_2 = \cdots = b_p = 0$ 是否成立。

（三）回归系数的显著性检验

在回归方程的显著性检验中，认为回归方程有显著意义，即 $b_1 = b_2 = \cdots = b_p = 0$ 不成立，但并不否定在 $b_1, b_2, \cdots, b_p$ 中有某几个等于零，也就是在 $x_1, x_2, \cdots, x_p$ 中，可能有某几个自变量对 y 没有显著影响。因此，需要对引进回归方程中的自变量进行逐个的显著性检验。所谓某个自变量 x_i 对因变量 y 的影响不显著，就意味着在回归方程中该变量的回归系数为零。因此，检验自变量 x_i 对因变量 y 的影响是否显著的问题，就等价于检验统计假设 $H_0: b_i = 0$ 是否成立。

第七章 大数据背景下的宏观经济预测

第一节 大数据背景下宏观经济监测预测研究

随着电子商务、互联网金融、社交网络等的飞速发展，互联网已经成为人们生产生活不可或缺的重要场所。人们在互联网上购物、交流、搜索、浏览的各种行为所产生的数据量越来越大。大数据时代的到来，不仅意味着数据处理技术和处理能力的极大提升，而且使得全社会的数据资源分布结构也在发生深刻改变。此外，互联网已经从传统的信息传播媒介升华为虚拟的社会空间，越来越多有关人类经济、社会运行的数据被投射到云上。因此，在实时、交互、离散化、非结构化的海量数据中，蕴含着经济社会运行的各种先行指标信号。

当前，中国正处于从互联网大国向互联网强国转变的重要时期。中国互联网产业的规模和实力已经位居世界前列。据统计，在全球 10 大互联网公司中，中国独占 4 家，前 30 家互联网公司有 40% 以上来自中国。可以预见，随着"互联网＋"战略的深入推进，中国经济运行的网络化、智能化程度将不断提高，基于互联网大数据的宏观经济监测和预测将变得越来越重要。

二、基于互联网大数据开展宏观经济监测预测的研究进展

国内学者认为，大数据在宏观经济分析应用中最活跃也是最重要的四个领域为：宏观经济预测、宏观经济数据挖掘、宏观经济分析技术和宏观经济政策。而在利用大数据对宏观经济进行预测方面，"现时预测"近来受到特别关注。"现时预测"一词最初起源于气象学领域，是对现在已经发生的事由于信息发布滞后等原因难以马上知道准确情况，因而根据其他可得信息进行推测。一般来说，依赖统计部门的宏观经济数据的发布都存在时间滞后的问题。由于不能及时获取宏观经济发展的数据信息，也就不能对当下的宏观经济形势做出准确判断。比如衡量宏观经济发展的 GDP 指标，尽管当月 GDP 是多少这件事已经发生了，但往往要到下个月才能拿到相关的数据和结果。而在月底估测本月 GDP 总量就是"现时预测"。现时预测利用的数据不再局限于官方统计数据，方法也不受制于传统的统计方法和模型。现时预测说到底就是利用大数据方法和技术对宏观经济进

行及时的监测和预测。

目前，利用大数据方法和技术进行宏观经济监测预测已经在国际上引起相当程度的重视，不同机构的学者和研究人员已经进行了大量研究和应用，而且产生了丰硕的成果。但从国内来看，这一领域的研究和应用都处在起步阶段，与国外相比，还有很大发展潜力和空间。

国内利用大数据进行宏观经济分析的研究分为三类：一是用电量与经济增长的关系。大多数研究表明，用电量，尤其是工业用电量与经济增长之间存在长期稳定的均衡关系和因果关系。用电量与经济增长之间的这种关系也得到国外学者研究的佐证。用电量与经济增长之间存在单向因果关系，经济增长会激发对用电量的需求。二是货运量与经济增长的关系。国内外学者通过研究发现，货运量，尤其是铁路货运量与经济增长之间存在交替推拉作用的因果关系。三是银行贷款与经济增长的关系。经济增长和贷款之间存在协整关系和双向因果关系。

在宏观经济监测预测的模型建构方面，国内学者和研究人员也进行了许多大胆的创新和尝试，如国家信息中心的"中国宏观经济模型"、中国人民银行的"季度计量经济模型"以及厦门大学的"中国季度宏观经济模型"。然而，传统的宏观经济监测预测模型都是基于同频数据进行的，高频数据必须要降为低频数据。这样会造成数据信息的丢失，进而影响模型预测的准确性。而且国内现有的宏观经济监测预测模型以年度、季度模型为主，周期较长。但无论是国家的宏观经济政策还是企业经营策略，甚至个人的消费计划都需要对当下的经济形势有准确的把握。吉林大学验证了混频数据抽样模型（MIDAS）对中国季度 GDP 的监测和预测能力。混频数据模型（MIDAS）可以利用混频数据，避免高频数据降为低频数据时的信息流失，提高了宏观经济监测预测的准确性。研究发现，出口是造成金融危机阶段中国经济增长减速的主要成因。混频数据模型在短期预测中国宏观经济方面具有比较优势，在实时预报方面具有显著的可行性和时效性。

三、国内基于互联网大数据开展宏观经济监测预测的趋势

通过回顾和梳理国内外利用互联网大数据对宏观经济监测预测的研究后不难发现，目前国内在这一领域的研究和应用还有很大潜力和空间。

（一）在数据收集方面，从传统宏观经济统计数据向互联网非统计数据转变

传统宏观经济数据在很大程度上依赖于调查统计。在准确性与时效性的权衡上，官方统计部门通常会为保证准确性而牺牲时效性。这就必不可免地导致数据公布时间的滞后。若为了时效性而放弃准确性，对监测和预测宏观经济形势似乎危害更大。大数据的"大"体现在：一方面，我们可以不再依赖各种统计数据。各种非统计数据、非结构化

数据都可以成为利用的资源。搜索数据、社交数据、微博、微信、论坛等都可以用来监测和预测宏观经济。在这方面，国外已经进行了许多有益的尝试。另一方面，大数据的收集渠道不再局限于统计调查，因为数据类型的多样化拓展了数据收集的渠道和范围，各种文本、图像、视频、广播通过大数据技术和方法都可以成为获取信息的对象和渠道。而且与人为因素占很大比重的统计调查相比，从网页、电子邮件、搜索引擎、社交平台上获取的数据信息在一定程度上更加真实可信。

（二）在研究领域方面，从宏观经济总量预测向宏观经济先行指标预测转变

监测预测宏观经济总量（例如 GDP 增长率）是国内研究一直关注的重点。但是与国外相比，我们还存在较大差距。差距体现在：一方面国外已经把大数据方法和技术应用到与宏观经济紧密相关的房地产、股市、汽车、旅游、医疗以及失业率等先行领域，而中国在这些反映宏观经济先行领域的研究还比较少。另一方面，尽管大数据在中国引起关注的时间不长，但它已经在国际范围内引起了极大关注，各国纷纷将大数据上升为国家发展战略，希望在大数据领域居于世界领先地位。

《关于促进大数据发展的行动纲要》指出"开发应用好大数据这一基础性战略资源，有利于推动大众创业、万众创新，改造升级传统产业，培育经济发展新引擎和国际竞争新优势"，意味着大数据在中国迎来了发展的绝好时机。所以我们一方面要借助国家政策顺势而上，乘胜追击，使大数据建设和发展步伐赶超国际水平；另一方面，要全面铺开大数据在宏观经济各领域的研究和应用，特别是在监测预测宏观经济方面，充分利用大数据方法和技术，使大数据不但能够为宏观经济总量监测预测服务，也能为与宏观经济相关的交通、医疗、就业、社保等民生领域服务。

（三）在监测预测方面，从中长期监测预测向实时监测预测转变

我们还是要看到，中国现有的预测模型因为很大程度上依赖于传统统计数据，所以监测预测周期长，已有的多是年度、季度、月度模型。然而，无论国家宏观经济政策、企业经营策略还是个人消费计划都对整个宏观经济的及时把握有很大需求。当前的宏观经济监测预测能力还不足以完全满足经济、社会发展需要。所以我们必须加快宏观经济监测预测的理论与方法研究，借助大数据发展的良好契机，真正服务于国家宏观经济发展，引领大数据世界潮流。

四、基于互联网大数据开展宏观经济监测预测的建议

通过回顾国内外现有研究成果，从数据来源的角度，我们建议由国家宏观决策部门

牵头，尽快整合互联网相关数据源，构建基于互联网数据的宏观经济非统计指标监测预测应用平台。围绕重点产业活跃度、区域经济关联度、企业生产经营状况、宏观经济走向社会预期、社会消费热点、区域人口迁移、境外投资趋势及风险分析、全国就业形势、大宗商品供求及价格走势、社会通胀通缩预期、重要商品价格异常波动、外贸订单变化趋势、全球经贸合作、国民经济动员潜力等方面，构建大数据宏观经济先行指标和现时预测指标库，建设基于回归模型、时序分析、神经网络等的大数据宏观经济预测方法库和模型库，逐步形成基于非统计数据的宏观经济监测预测体系，提升中国宏观经济形势分析以及重点行业、重点区域发展即时监测的大数据应用能力。

（一）基于电子商务和行业门户网站数据开展经济监测预测分析

随着电子商务的发展，目前中国经济运行中的很多交易行为都完全或部分在互联网环境下完成。因此，基于国内主流电商平台的用户消费行为数据进行分析挖掘，是监测中国宏观经济运行的重要渠道。目前，在国内电商网站中，阿里巴巴集团对于用户消费行为数据的分析挖掘已经非常成熟，提供了覆盖阿里电商平台数百万种商品的数据，包括淘宝搜索指数、淘宝采购指数、阿里采购指数和阿里供货指数等四类数据，并支持按照地域细分。这些数据能够精确反映阿里电商平台用户消费情况，能在很大程度上反映电商行业运行情况，并折射出全国和各区域宏观经济运行的基本情况。但这些数据的缺点在于，由于仅为电商数据，不能反映线下交易情况，也难以反映大宗商品交易（如房地产、汽车）和非传统实体商品交易（如旅游、文化、养老、健康）情况。

作为上述主流电商平台网站数据源的补充，以下四类网站数据源的数据对于监测预测宏观经济运行也具有重要参考意义：一是主要房地产门户网站，如搜房网、链家在线、安居客等，这些网站均提供各地房价走势分析功能，甚至可以细分到省份、城市、区县、乡镇街道和楼盘等区域房地产信息的监测，这对于提高中国宏观决策部门的精细化决策分析能力具有重要意义；二是汽车门户网站，如易车网、汽车之家等，这些网站聚集了较为丰富的汽车销售数据；三是酒店旅游类门户网站，如携程网、去哪儿网、途牛网等，可以反映网民出行、旅游等基本情况；四是比价网站，如惠惠网、一淘网、慢慢买网、盒子比价网等，这些网站收集了国内主要电商网站的一般居民消费品的价格信息，客观上有助于监测国内主要居民消费品的价格变动情况。

（二）基于移动终端位置定位数据开展经济运行监测预测分析

随着移动通信技术的飞速发展，很多线下网民的行为通过位置定位服务（LBS）技术会被移动服务商记录并保存下来。一些智能移动终端产品服务商就掌控了全国大量人口的地域流动信息，再结合其用户的注册信息数据，事实上已经具备对全国人口流动情况进行精细化统计分析的能力。基于对这些位置移动数据的长期监测，能够发现人口在不同地域之间迁移的信息，再结合对不同地域经济发展、产品结构、人口规模等数据的综合比对和分析，就能够对不同地域的就业情况、旅游交通情况、经济贸易往来情况等信息进行大数据监测分析。

（三）基于社交媒体中网民和专家经济预期判断经济运行走势监测预测分析

随着社交网络的不断发展，网民会通过微博、博客、微信、论坛等自媒体渠道表达对经济社会运行重大问题的看法和意见。目前，国内一些商业机构，如新浪财经频道就推出了大数据平台，提供了 A 股、美股和期货市场的新浪财经频道网民关注度和新浪微博网民情感倾向性等数据。后续可以开展更加系统化的基于社交媒体的网民经济预期分析，如分析自媒体渠道网民态度倾向性（按地域、行业细分）、网民关注宏观经济问题热度变化等；开展国内宏观经济研究知名专家学者、学术智库在媒体发表言论的实时跟踪、态度倾向性变化分析等，从而为政府宏观决策提供数据参考。

（四）基于搜索引擎用户需求数据开展经济运行监测预测分析

搜索引擎是互联网用户查找信息的首选途径，因此对搜索引擎用户搜索关键词的分析，是了解互联网用户真实需求的一个重要渠道。目前，百度和 360 是中国搜索引擎市场排名第一、第二的两大搜索引擎服务提供商，两家均提供有搜索指数数据可供公开查询，后续可以整合这两家搜索引擎服务供应商的搜索指数数据，开展宏观经济监测预测。搜索指数数据的优点是能够全面反映互联网用户方方面面的需求信息，而不像电商等网站只能分析用户的某一方面经济行为；其缺点则是无法精确判断搜索用户的真实意图，同时也难以监控这些用户后续的购买交易等行为。

（五）基于股票、期货、大宗商品等公开交易数据进行经济运行监测预测分析

随着互联网应用的不断普及，证券、期货、大宗商品等金融交易已高度网络化，基于这些在线交易所产生的数据具有很强的挖掘价值。在证券交易行业，券商对于大数据的重要性已经有了高度共识，特别是在市场行情预测等方面，起步非常早。在期货市场以及大宗商品等场外交易市场，对交易数据的综合分析也得到越来越多企业的重视。中国的大宗商品场外交易市场经过十多年的发展，已形成一个新兴行业。在一些重点领域，如棉花、钢材等，大宗商品交易市场的交易量已经占到全国总交易量的一半以上。一些互联网公司同样聚集了该领域的大量数据，对这些数据源的后续挖掘和分析，对于宏观经济监测预测也具有重要意义。

第二节 大数据与宏观经济总量预测

一、大数据对宏观经济预测分析的革命性意义

大数据开启了巨大的时代转型，就经济分析而言，大数据时代带来的转变是重大且具有革命意义的。首先，大数据极大地拓宽了信息来源。大数据时代的重大变化即是海量的可得数据。传统经济分析依靠的数据主要是样本，而在大数据时代，得到的数据可能就是总体本身，就物价而言，电子商务网站成交每一笔商品价格都记录在案。大而全的可得数据对经济分析是极其重要的，可以准确了解经济形势、正确做出经济发展预测、合理制定经济政策。这些优势是传统经济分析方法无法想象和实现的。

其次，大数据时代信息获得的速度大大提高，很多信息实时可得。传统的经济分析主要依靠结构化数据，这些数据最明显的缺陷就是具有很强的时滞性。例如政府公布的季度 GDP 往往会有 1 个月的滞后期，而全面经济社会反映的统计年鉴的滞后期会达到 3 个月左右，这对及时了解宏观经济形势、预测与预警都是非常不利的。大数据时代信息产生和传递速度空前加快，如 Internet 上的大量信息是实时的，移动互联网和物联网使每个人随时随地都可能制造数据。大数据经济模型可以充分利用数据的实时性，提高分析或预测的时效性，为经济预警和政策制定提供最快速的资料和依据。再次，大数据带来经济分析的方法论变革。传统的经济计量模型建立在抽样统计学的基础上，以假设检验为基本模式。随着信息量的极大拓展和处理信息能力的极大提高，经济分析可能从样本统计时代走向总体普查时代。这一点对宏观经济分析意义重大。因为宏观经济系统纷繁复杂，如果能将对整体宏观经济变量的分析建立在尽可能多的关于经济主体行为的信息以及其他诸多经济变量的信息的基础上，甚至可以抛弃原有的假设检验的模式，无疑将极大提高宏观经济分析的准确性和可信度。同时，经典计量模型以因果检验为核心，而大数据分析则往往将相关性发掘作为首要任务。在复杂的宏观经济系统中，在许多宏观经济中的因果关系往往难以准确检验、因果结论经常广受质疑的情况下，更重视可靠相关关系的发掘，充分利用相关关系对于经济预测、政策制定与评估的作用，无疑为宏观经济分析打开了另一片广阔空间。

最后，大数据促使经济分析技术的革新。传统的分析技术是基于关系型经济数据的，分析模型主要是基于统计数据的，而大数据中大量信息是非结构化的，数据的来源和形式复杂多样。例如，互联网信息包含文本、图片、影音等多种形式，在此状况下进行宏观经

济分析有必要借鉴计算机领域已经出现、但在现有经济领域还少有应用的数据处理技术，如机器学习。机器学习已经在图像识别、语音识别、自然语言处理、智能机器人等领域取得巨大成功，是当前进行大数据分析的基本手段。此类技术在宏观经济领域的应用会极大地提高经济分析的能力，改进分析结果、提升分析价值。另外，传统的经济计量对海量数据难以分析，发展适合大数据背景下的分析模型是经济计量面临的重大挑战，

二、大数据与宏观经济总量预测

宏观经济预测存在多种研究方法。其中，较为普遍的方法是利用线性回归法对宏观经济的总量或分量进行预测。

首先，将区分结构化数据与非结构化信息。涉及大数据的经济分析可以应用两类不同的信息，即结构化数据与非结构化信息。前者是能够用数据或统一的结构加以表示的数据，以传统的政府统计数据为代表；而后者其数据来源和形式都十分多样化，无法用数字或统一的结构表示，往往包含大量噪音，数据质量差，如在线文本、图像、声音等信息。大数据时代的典型特征是非结构化信息的大量存在与实时可得，数据挖掘技术的迅猛发展打开了非结构化数据可利用的空间。在现有大数据经济预测的相关研究中，或者侧重对非结构化信息的挖掘应用，或者对两类信息不加区别的利用，没有涉及对这两类信息关系的探讨及区别对待。而这又是一个十分重要的问题，因为人类在过去已经积累了一整套的经济统计体系，在根据统计数据进行预测和决策方面已经积累了丰富的经验。这是否意味相对于成熟的统计数据而言，非结构化信息的用处不大？还是有了数据挖掘技术的发展，传统统计数据将消亡？还是两类信息各有特色，互为补充？

其次，通过探讨利用互联网搜索行为对宏观经济进行预测的可能，比较搜索行为信息的不同利用方式，发现如果区别对待统计数据和搜索行为两类不同信息，使用"两步法"来进行经济预测可以显著的改进预测效果。所谓"两步法"是指在首先充分使用结构化数据挑选模型的基础上，再加入非结构化信息进行变量挑选。研究同时表明，单独使用互联网搜索行为并不能达到理想的预测效果，但在充分利用政府已有数据的基础上，加入互联网搜索行为可以明显改善预测效果；在线信息和传统统计数据不应是替代的关系，而应该是互补关系。

三、基于混频大数据的宏观经济总量实时预测

宏观经济运行预测历来都是国家经济体系建设和调控的核心内容，预测结果对政府、企业、居民等部门均具有重要的信号指示作用，国内外机构对中国经济预测的准确性虽

然具有差异性，但预测准确性处于不断提升之中。而当前中国经济已由高速增长阶段转向高质量发展阶段，宏观经济的实时预测才能更好地服务于经济高质量发展的转型。宏观经济的政策制定者面临着利用众多不完整的统计信息评估经济运行现状的问题，并且大部分重要的经济变量都是以相当长的时滞模式进行发布的。比如，以中国为例，作为实际经济活动的关键指标，国内生产总值 GDP 按季度公布，且依据修订机制同一季度数据先后有最初核算数、最初核实数、最终核实数和最终数据，最初核算数一般于季后 15 天左右在国家统计局网站公布，最终核实数在年度 GDP 最终核实数发布后 45 天内完成，最长时滞达 1 年之久。此时，如果政策决策者需要及时的季后信息，则彰显了实时预测的重要性。为此，非常必要将当前基于月度或季度变量的低频度实时预测体系拓展至日度数据的高频度实时预测系统，而新一代信息技术革命也为更高频度的实时预测方法提供了技术支持。

目前，GDP 增长率的实时预测还处在初步探索阶段，且主要综合使用网络搜索、夜间灯光等代表性大数据以及传统政府统计数据，结合经典的计量经济模型以及现代高维数据、机器学习等方法进行预测。

已有文献在实时预测季度 GDP 走势方面做出了非常有益的探索和讨论，但还不能满足实时预测的技术标准。具体而言，实时预测往往具备三个特征：首先，观测变量的时间频度要能满足政策制定者工作日度的信息需求。虽然近年来实时预测系统开始转向季度或月度，但是鲜有体系纳入超高频的日度数据，也就远没有达到真正的实时预测要求。其次，当前海量大数据提供了众多异质的宏观经济运行信息，且是超高频的，利用其进行实时预测能够提升预测的频度和效度。但是现有研究多是在缺乏严谨统计制度的框架之下采用单一的搜索指数，例如百度指数、谷歌趋势，或筛选多个搜索词，且大数据处理模型没有充分考虑非结构化数据中大量噪声的影响，导致模型虽然拟合效果较好，但预测效果不佳，较少严格地根据大数据的混杂类型选择综合的系统处理模型。第三，由于宏观经济数据的修订，实际可用的数据可能与统计机构稍后发布的最终值有所偏差，前者适用于模型比较，后者会使样本末端的一些变量值缺失，从而遇到了计量经济学中的粗糙边缘问题，尽管有些学者利用 EM 技术试图解决这一难题，但实时预测的可行度较差。

（一）实时预测系统：低频指标

影响 GDP 的低频宏观经济统计指标众多，固定资产投资总额、社会消费品零售总额、出口额、规模以上工业增加值、税收总额、货币供应量、居民消费价格指数最为典型，基于"三驾马车"需求动力原理以及工业增加值与 GDP 数据的高度相关性，本书选择规模以上工业增加值、固定资产投资总额、社会消费品零售总额和出口额作为影响季度

GDP 的低频指标，所有指标采用当期同比实际增长率数据。根据数据发布实际情况，规模以上工业增加值、社会消费品零售总额可直接获得当期同比增长率数据，固定资产投资完成额增长率采用累计固定资产完成额和固定资产投资价格指数推算，出口额增长率采用美元计价的出口额当期同比增速与月末汇率和出口商品价格指数推算。GDP 数据样本期间为 2012 年第一季度至 2019 年第二季度，记为 2021q1 ~ 2019q2，其他数据为 2012 年 1 月至 2019 年 6 月，记为 2012m1 ~ 2019m6。所有数据均来源于中经网数据库。各指标动态趋势和描述统计结果见图 7-1 和表 7-1。

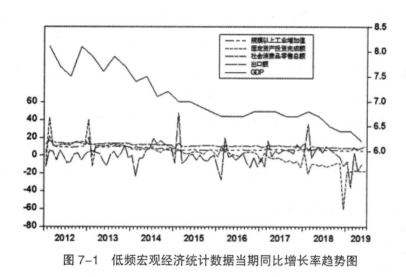

图 7-1　低频宏观经济统计数据当期同比增长率趋势图

表7-1　低频宏观经济统计指标描述统计结果汇总表

变量名称	符号	频度	样本期	均值	标准差	变异系数
GDP	y	季度	2012q1 ~ 2019q2	7.077	0.534	0.075
规模以上工业增加值	x1	月度		7.479	2.707	0.362
固定资产投资完成额	x2	月度	2012m1 ~ 2019m6	1.127	12.832	11.386
社会消费品零售总额	x3	月度		11.184	2.035	0.182
出口额	x4	月度		0.454	11.331	24.958

根据图 7-1 可知，2012 年以来，受国际国内多重因素影响，拉动中国经济增长的"三驾马车"集体表现乏力，造成宏观经济快速进入下行期，季度 GDP 增长率一路跌破 8%、7.5%、7%、6.5%，中国经济发展进入新常态。规模以上工业增加值方面，2012 ~ 2016 年自 12% 左右的增速下降至 6% 左右，可视为产业升级优化、新旧产业增减规模难以相抵的结果，但在供给侧结构性改革系列政策落地的推动下，2016 年工业增加值增长率降幅明显收窄，呈现缓中趋稳迹象，2017 年 3 月增长率回升至 7.6%，此后，在全球经济增

长放缓、国内主动调结构、防风险等多重因素共同作用下，增速处于较为稳定的状态，但 2018 年 9 月之后增速仍然降至 6% 以下水平且下降趋势明显。固定资产投资完成额方面，2012~2016 年固定资产投资完成额同比增速平稳下滑，但仍保持在正增长区间范围，2017 年之后除了个别月份增长率均为负，至 2019 年 6 月基本稳定在 17% 的负增长水平。受消费市场转型升级、理性回归等因素的影响，2012~2014 年全国社会消费品零售总额增速下降较快，2015~2017 年，受益于基础设施和制造业投资增速提高，社会消费品零售总额增速自 2015 年下半年起稳步回升、表现平稳，2018 年增速下滑明显，很可能是消费结构分化尤其是居民购房行为的影响所致。出口方面，2012~2014 年，出口额增速基本稳定在 5% 以上，2015~2016 年受外部环境改善迟缓影响，出口额增速一路下滑，增长率基本为负值，2017~2018 年，促进外贸稳定增长的政策措施促使出口额明显回升，增长率一度达到 10% 以上，中美贸易摩擦的不断升级最终导致了 2018 年 11 月之后增长率大幅下跌至 −5% 左右。另外，从各指标的描述性统计量可知，规模以上工业增加值和社会消费品零售总额的同比增长率波动较小，变异系数分别为 0.362 和 0.182，而固定资产投资完成额和出口额的同比增长率的波动幅度较大，变异系数达 11.386 和 24.958。

（二）实时预测系统：高频指标

1. 舆情关键词库构建

本书综合采用主观选词法、模型选词法和参考文献法构建反映经济景气状况从而反映 GDP 增长的舆情关键词库。主观选词法是指根据研究者的经验进行主观判断确定关键词的方法，如社会生产良好时会引起产品产量增加、生产增加、生产活跃、利润上升等关键词搜索量的增加；模型选词法包括百度搜索引擎的长尾关键词拓展法、需求谱图拓展法和网页链接搜索拓展法。最终形成由 554 个关键词构成的高频舆情关键词库，其中描述宏观经济景气状态的关键词 44 个，反映政策、生产、投资、需求、就业、物价、居民生活、国际环境等宏观经济各维度发展状况的关键词 510 个。

2. 数据搜集与预处理

考虑数据的可比性与全面性，本书关键词搜索数据目标网站为百度搜索引擎，搜索量为 PC 趋势和移动趋势之和，数据频度为日度，时间范围为 2012 年 1 月 1 日至 2019 年 6 月 30 日。相关研究表明精确的预测并不需要穷举所有关键词，当关键词达到一定数量之后，进一步增加关键词的数量对预测结果的影响微乎其微，因此筛选出能够反映宏观经济景气状况的核心关键词至关重要。本书首先将各关键词日度搜索量原始数据降频为月度数据，计算得到搜索热度数据，以剔除不同时间网络搜索总量的影响，进而计算搜索热度的同比增长率，然后以国家信息中心发布的一致景气指数为基准指标，通过计算各关键词搜索热度同比增长率与基准指标的相关系数和多重共线性检验筛选出最具有代表性的 19 个核心关键词，如表 7-2 所示。

表7-2　高频景气舆情关键词确定及其与一致景气指数相关系数表

符号	指标名称	相关系数	符号	指标名称	相关系数	符号	指标名称	相关系数
g1	汇率	−0.778	g8	环境保护	−0.64	g14	财政政策	−0.585
g2	经济危机	−0.697	g9	价格	−0.635	g15	财政赤字	−0.584
g3	货币升值	−0.694	g10	贷款	−0.632	g16	收入	−0.561
g4	对外贸易	−0.681	g11	房地产	−0.63	g17	通货紧缩	−0.439
g5	预算赤字	−0.67	g12	利率	−0.621	g18	股票价格	−0.421
g6	物价	−0.661	g13	消极	−0.606	g19	泡沫	0.505
g7	就业	−0.649						

表 7-2 中关键词涉及财政政策、货币政策、投资、房地产、物价、贸易、就业、居民生活等诸多方面,覆盖面广,具有充分的代表性。除了泡沫与基准指标呈正向关系以外,其他关键词均呈负相关。当经济处于高速发展时期,民众出于对经济泡沫化的担忧使得泡沫关键词的搜索量增加,而此时对宏观经济政策、物价、就业等关键词的搜索需求下降。当经济处于下行阶段时,出于对经济状况的担忧以及规避有可能面临的投资、失业等风险,此类关键词的搜索量增加。图 7-2 展示了经济危机的搜索热度同比增长率与基准指标之间的对应关系,2013 年一二月的一致景气指数达到峰值,分别为100.1 和100.4。

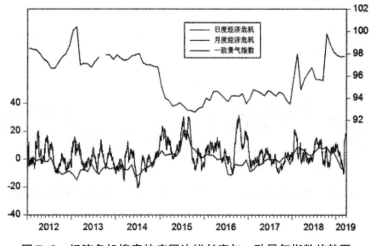

图 7-2　经济危机搜索热度同比增长率与一致景气指数趋势图

3.高频舆情指数合成

考虑到实时预测模型的简约性以及高频数据的弱变量异质特征,本书首先采用动态因子模型将各关键词数据合成高频舆情指数,将其与低频宏观经济变量一并纳入预测模型。动态因子模型是宏观计量经济学的重要分支,其基本思想是少量的因子可以有效解释由高维时间序列数据反映的宏观经济基本面的大部分波动信息。因子综合了有关驱动因素的全面、准确的信息,对宏观变量的预测具有很大优势。高频舆情指数即为不可观测的因子,其作为宏观经济基本面的反应器,驱动着相应关键词搜索热度的变化。本书首先采用 ADF 和 PP 检验对关键词进行单位根检验,检验结果表明各序列均为平稳时间序列,满足动态因子模型的要求。将动态因子模型的测量方程和状态方程分别记为(7-1)和(7-2)式,采用混合估计的方法对其进行参数估计,结果见表7-3。

$$g_i = \alpha_i + \beta_i f + \varepsilon_i, VAR(\varepsilon_i) = e^{\theta_i} \qquad (公式7-1)$$

$$f_t = \varphi_1 f_{t-1} + \varphi_2 f_{t-2} + \eta_t \qquad (公式7-2)$$

表 7-3 估计结果表明,各关键词的回归系数均显著,尤其是经济危机、预算赤字、价格、环境保护、房地产、利率、消极、财政政策、股票价格等关键词搜索热度同比增长率对高频舆情指数的影响较大,凸显了政策、投资、价格在宏观经济体系中的核心地位。状态方程的系数均高度显著,验证了舆情具有存续期的说法,滞后两期自回归项的系数为负则进一步说明舆情传播热度不会一直持续,当基本面发生较大改变时舆情会随之发生转向。根据图 7-3 高频舆情指数与 GDP 同比增长率、一致景气指数趋势图可知,高频舆情指数与这两个变量均呈负向关系。

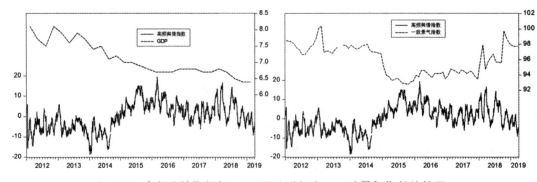

图 7-3 高频舆情指数与 GDP 同比增长率、一致景气指数趋势图

表7-3　动态因子模型参数估计结果汇总表

方程形式	观测变量	α	β	θ	φ
测量方程	g1	0.006	0.004*	1.693＊＊＊	
	g2	0.000	−0.011＊＊	2.596＊＊＊	
	g3	0.004	0.008*	2.742＊＊＊	
	g4	0.006	0.008*	6.230＊＊＊	
	g5	0.002	0.019＊＊	3.340＊＊＊	
	g6	0.003	−0.009*	4.561＊＊＊	
	g7	0.005	−0.012*	2.489＊＊＊	
	g8	−0.005	−0.014＊＊	2.900＊＊＊	
	g9	0.011	0.017＊＊	2.610＊＊＊	
	g10	0.001	−0.005*	2.444＊＊＊	
	g11	0.012	−0.017＊＊	11.301＊＊＊	
	g12	−0.008	−0.019＊＊	3.198＊＊＊	
	g13	0.005	−0.025＊＊＊	4.531＊＊＊	
	g14	−0.004	0.023＊＊	3.089＊＊＊	
	g15	0.001	0.005*	4.048＊＊＊	
	g16	0.001	0.004*	4.022＊＊＊	
	g17	0.001	−0.004*	3.267＊＊＊	
	g18	0.006	0.036＊＊	9.706＊＊＊	
	g19	−0.001	−0.002*	2.770＊＊＊	
状态方程	I（−1）				1.182＊＊＊
	I（−2）				−0.992＊＊＊

注："＊＊＊""＊＊""*"分别表示估计系数在0.1%、1%、10%的显著性水平下显著。

第八章 宏观经济下现阶段金融风险防治与化解

第一节 供给侧结构性改革与金融端防风险政策

一、供给侧结构性改革关键看金融端改革

金融端的改革见成效将成为供给侧结构性改革最大的亮点。

第一，去产能最终的实现，不是取决于表面产能的多少，而是取决于造成过剩产能的金融债务处置。这才是推动去产能的最大困难，也是职工妥善安置的最大困难，如何处置这些金融债务，这才是问题的关键，是改革要迈开的关键性步骤。这其实是一个金融问题。

所以，从本质上来看，去产能其实就是金融债务的结构性改革，是对金融贷款机制从结构优化上"动刀子"。

对去产能有四点建议：①生产性债务直接剥离，装入资产处置公司，进行市场化的打包出售；②人员性债务应该予以盘活，跟随被处置人员走，转化为承包形式的服务资本；③沉没性债务干脆核销，由政府和银行协商分摊处置；④具备残值的有价资产，比如土地等可给政策，转变属性和用途，推动残次价值实现。

第二，去库存的最终实现，表面上是房地产行业的结构性调整，但实际上是城乡居民金融购买能力的体现，也是城市金融业发展水准的体现。当城镇居民"居者有其屋"的初级需求达到相对饱和以后，要实现房地产去库存化的功能，主要就依赖于改善型需求了。

这种总量绝对过剩、区域供求失衡、结构调整困难加大的条件下，要实现房地产去库存的艰巨目标，关键要看金融支持的力度和空间，也就是说要看金融供给侧改革，能在多大程度上为房地产行业进行配套性改革。

这里对房地产去库存也有四点建议：①设立国家或省级住房银行，专门面向低收入阶层解决住房贷款需求；②建立国家或省级房屋收储制度，专门面向进城务工人员提供

廉租住房；③建立面向有稳定工作的农民工的信贷机制，帮助解决有城镇购房需求的农民工买房子；④支持面向住房市场的金融创新，设法化解过剩库存问题。

第三，去杠杆说到底就是去除金融杠杆，扭转资金脱实向虚的趋利化趋势。把资金引导到生产领域，支持实体经济步入发展的轨道上来。通过提质增效，提升产品的科技含量，供给高品质的产品和服务，推动经济转型和发展。

杠杆具有活跃经济的功效，去杠杆应该有底线，是减量不去量，是既克服又保留，不能理解为完全去除杠杆。资本市场的合法融资，是活跃市场的杠杆资金，可以通过去杠杆降低过高的杠杆率和对市场稳健运行的伤害，但保留适度的杠杆水平有助于保持市场的资金水位，为推进注册制改革创造活跃的市场条件。住房按揭贷款也是杠杆工具，对住房市场的快速发展意义重大。在房地产市场去库存完成之前不该强制推行去杠杆化，而应该限制杠杆比率的升高，坚决制止零首付的住房销售协议。

第四，降成本应该解读为降低全社会的生产成本，最后都归结为降低整个金融活动的运行成本上。只有低成本高收益的经济活动，才能保持持久和旺盛的生命力。降低成本是金融效率提出的最高要求。

降成本有四个核心要义：①供给侧企业活动、生产运营的成本之一，就是资金使用的金融成本。降成本就是降低资金的使用成本，也就是降低银行的利率化水平，给企业去产能创造更加适合的条件，降息是具备改革的需要和基础的。②供给侧产品质量的提高有赖于科技的发展，而科技水平高低则依赖于创造和创新的氛围。降成本也包含降低"双创"的成本，完备成熟的信用市场，有助于构建创新的低成本金融支撑，打造科技扶持基金是供给侧结构性改革的要求。③供给侧盈利能力的高低，跟税负的轻重关系密切。降成本还包括降低各种税费，积极施行财税体制改革，把企业负担降到最低，为改革成功果断让利减费。④供给侧社会回报的大小，跟公司是否为社会公众公司有关。降成本更应该开放市场准入，降低企业主体投融资体制的边界和门槛，推行企业注册制上市交易，弥补核准制的缺陷和不足，更是供给侧结构性改革的大戏。

第五，补短板既应该是补贫困的短板，也应该是补导致贫困的短板。归根到底，贫困是金融资源缺乏的结果，贫困也是金融效率低下的结果，贫困更是金融资源错配的结果，所以补短板一定要从金融这个关键入手，才能牢牢抓住问题和矛盾的根源。

补短板可以从金融这条主线入手，改变扶贫攻坚计划的思路，以资金帮扶实现精准扶贫，以增强金融市场的活力为纽带，尤其是发挥市场对资源配置的决定性作用。要实现资源的有效高效配置，就离不开发挥资本市场配置生产资源的主渠道作用。

对补短板主要有四点建议：①资本市场是命脉所在，稳健运行的资本市场，能提供最直接的投资机会，及时分享供给侧结构性改革的成果，实现企业和家庭的财富创造；②拥有强大的资本市场，能推动国家对外开放战略的实施进程，有助于实现国家和人民的共同富裕；③创造活跃的资本市场，能帮助企业筹集发展所需的资金，有助于经济转型成功和国家创新能力提升；④将来准备推出的注册制，是股票市场的供给侧结构性改革，将决定资本市场的战略定位和精神内核。

资本时代构建社会经济的多元化文化，推动多层次资本市场的供给侧结构性改革，规避和化解市场的风险累积，不应该通过摧毁市场的方式，以毫无背景的连续暴跌去达到市场的出清，更应该以推动供给侧结构性改革的态度，以促进市场全面发展的新思维，以让市场创造价值和财富的新理念，以增强投资者信心的手段，去消化市场的估值泡沫、去化解市场的风险。

此时，通过提升资本市场的管理水平，通过保障资本市场的稳健运行，通过维护资本市场的投融资功能，通过发挥资本市场的作用，对促进经济发展颇有益处。当资本市场的价值实现和财富观深入人心、嵌入并纵深影响经济活动的时候，资本市场就在一定程度上主导了资金的流向，就决定了资源配置的力度和强度，就成为经济创新和经济效率的活力之源。

二、供给侧结构性改革五大支撑点

去杠杆说到底就是去除金融杠杆，扭转资金脱实向虚的趋利化趋势。把资金引导到生产领域和支持实体经济步入发展的轨道上来。通过提质增效来提升产品的科技含量，供给高品质的产品和服务，推动经济转型和发展，这最终将归于金融端的安全性上。

供给侧结构性改革具有五大支撑点：

第一，中央经济工作会议强调要着力推进供给侧结构性改革，就是把转变经济发展方式的变革首先体现在政策思维转变的变革上来。经济的常态运行，是在供给和需求构成的闭环中循环，并形成螺旋式的不断上升运动，最终推动了社会的全面进步和发展。具体概况为三大要点：一是刺激需求对供给形成拉动作用，新需求的产生必然给供给的增长提出要求，并推动供给端技术水平的提升，从而极大地改善经济发展的水平和质量。二是改善供给对需求产生吸引力，新供给的出现也必然会作用到需求端，那些能够满足潜在需求的高技术供给，也将会推动需求产生猛烈的增长，从而带动全要素生产率得到极大的提高。三是，供给和需求相互作用形成合力，供给侧结构性改革则属于改革的源头。

第二，中国经济增长进入提质增效阶段，供给侧生产相对于需求呈现出过剩的特征。这种低端产品过剩的现象，根本不是全面意义上的过剩，而是产品档次低、质量层次低、购买意愿低的过剩，主要是供给端忽视创新投入、不注重产品质量研发的结果，致使供给只满足于低水平、粗加工、低质量的产品需求，实质上是一种不能满足多样化高端需求的过剩。因此，要促进经济循环的健康运行，就迫切需要改变这种现状。从问题导向入手追寻矛盾的源头，就会发现施行彻底改革的指向。供给侧的结构不尽合理，所有改革的焦点就在于供给侧结构性改革，从经济的痛点下决心推进供给侧改革，就有助于化解产能过剩的矛盾。

第三，需求端对经济的贡献更多靠市场的有效调节来实现，但供给侧对经济的作用更多是靠超前的引领示范来实现。

这表现为两个层面：一方面，完善的市场对需求信号反应敏感。新需求产生直接向市场发出信号，市场的参与主体企业捕捉到这种信号，就会安排市场环节来满足需求，从这个意义上来说需求关联着市场，市场是资源进行直接有效配置的场所，需求的最终满足在市场中得以实现。另一方面，科学的示范对供给具有指导作用。一般来说，需求通常受到主客观条件的制约，有一个追求层次和认知水平的限制，到一定阶段很容易陷入低水平重复的怪圈，很难通过自我革命实现高层次，高水平的突破，这将导致需求升级的动力不足，经济增长也走不出困境，而进入逐渐下滑的格局。这个时候，加大供给侧结构性改革力度，增强引领示范作用，就能改善现有的消费结构，创造出与新需求相匹配的模式。

第四，供给侧结构性改革，破局的关键点在于创新和创造。独辟蹊径找经济持续发展的出路，就在于从供给侧创造高质量的新产品。

供给侧关联着创新和创造，可以发挥人的主观能动性，既能实现制度创新，释放改革的制度红利，从制度层面推动社会生产率的提高；也能实现智力创造，促进新技术、新工艺、新产品的大量涌现，彻底推动经济发展的高技术含量，让智力因素这种"活的劳动力"得到激发，发挥经济增长的智慧效应，实现最有效率的智能推动。

从释放人类创造活力上来说，供给侧改革优于需求刺激。创造与创新是大众创新、万众创业的灵魂，赋予了供给侧改革一以贯之的灵魂：即始终最大限度发挥人的智力创造，以最大智能效应进行制度设计，以最大追求化解经济困境，以最快速政策响应激发经济增长活力，把劳动者创富热情激发出来为目标。

第五，供给侧结构性改革强调政策的主导作用，具有一定的计划经济色彩。美国金融危机以来，为了应对金融危机的冲击和影响，国家曾以计划的方式，推出了"4万亿"经济刺激计划，着重刺激经济中的需求端，甚至以政府扩大消费的方式，把消费端的文章做到了最大化。如今，面对新情况，要解决新矛盾，办法只有回归经济原点推陈出新，创造性聚焦供给侧才能化解矛盾。在某种程度上来讲，经济危机时刻的经济发展战略，更需要立竿见影的政策功效，政策主导下的供给侧结构性改革，也必将具有浓厚的计划经济色调。

由此，供给侧结构性改革既是政策思维的逆转性变革，也是改革措施得全面革新的先导。供给侧结构性改革不但是结构性改革，着力解决高端需求的供给缺失问题，以及企业部门创新动力不足所导致的产品技术含量缺乏的问题，而且也应该是计划性改革，是国家战略顶层设计的外化形式，将对应新计划经济和市场决定化经济共同作用的范畴，以避免极端情况下市场失灵时，经济信号可能产生的需求扭曲和供给失真，防范经济运行中资源错配导致的风险。

当前和今后一个时期，在适度扩大总需求的同时，要着力加强供给侧结构性改革，实施"五大政策支柱"，即宏观政策要稳、产业政策要准、微观政策要活、改革政策要实、社会政策要托底。

三、供给侧结构性改革核心是货币供给的效率

供给侧结构性改革关键是资金需求的再平衡资金流动不仅包含行业之间的流动，也包括企业之间的流动，资金有进有出的自由流动，只要依据市场原则进退有据，就容易实现资金需求的重新平衡有些资金从有些产能过剩行业流出，战略性退却布局到新行业，选择流入战略性产业，经济战略升级就有了坚实基础。

供给侧结构性改革的主要逻辑，首要核心是货币的创新供给，这主要体现为两个方面，包含四个关键点。

一方面，货币的供给侧结构性改革的核心是把握好比例。货币供应量增幅保持适度比例，沿着有利于稳定经济增长的轨道投放，对抗经济相对收缩的不稳定态势作用积极。另一方面，货币的供给侧结构性改革核心是平衡债务，通过债转股等形式实现债务的平稳过渡。

第一，资金的供给侧结构性改革关键是稳定经济。不能不说的是，房地产虽然库存压力大，但对经济的贡献不能忽视，保障房地产的资金需求，也就成为投资拉到经济绕不开的环节，于是大量的货币被供给到该领域，以至于沪深等一线城市房价暴涨，产生强烈的资金溢出效应，对整个一季度经济增长的贡献不可小视。

第二，资金的供给侧结构性改革关键是资金供给通道顺畅。商业银行继续成为资金流出的投放器，过度放贷的逐利冲动依然受到盈利"资产"抑制，大量需要发放的贷款找不到合适的资产投放，导致一定程度上争抢"资产慌"。

第三，供给侧结构性改革关键是资金需求的再平衡。资金流动不仅包含行业之间的

流动，也包括企业之间的流动，资金有进有出的自由流动，只要依据市场原则进退有据，就容易实现资金需求的重新平衡。有些资金，从有些产能过剩行业流出，战略性退却布局到新行业，选择流入战略性产业，经济战略升级就有了坚实基础。同时，有些资金，从储蓄形态转变为消费形态，满足了改善型居住需求，或满足了汽车娱乐等自我享受，也会促使经济稳增长得以最终实现。

第四，资金的供给策结构性改革关键还在于虚实结合。要看到资金的战略性退却，也伴随着资金的接盘进入，形成了换班站岗的资金循环。这种资金在虚实两个层面流转的结果，不但使实体经济获得了宝贵的发展资金，经营状况和生态环境进一步好转，为经济转型升级奠定了良好的基础，反过来，企业因为资金支持到位及时，经营前景好转彻底改变过去的不良预期，也增强了实体企业发展的信心，自然就提升了这些企业股票的价值，对整个资本市场形成吸引力，进一步吸引更多资金流入资本市场，去分享企业发展的成果和好处。这种资金的重新布局，既减少了风险区域的资金总量，也增加了收益区域的资金配比，既深度改变了资金分布不合理的状况，也搞活了曾经股灾不断的沪深股市。

四、宏观经济险中趋稳，金融风险稳中可控

考虑经济的背景和条件，这不仅与中国经济的发展韧劲相关，而且跟经济政策的灵活应变相关，决策者有勇气而不胆怯，政策有定力而不摇摆，经济就有方向而不退缩，风险就有手段而不扩大，这就保持了经济能险中趋稳，让已经跨入深水区的经济巨轮始终有经验丰富的"老舵手"掌控，确保能行走在正确的航道上，也就保证了经济能稳中求进，让步入新常态的经济列车，始终有思维敏捷的"老司机"驾驭，确保能一直运行在正确的轨道上。

中国宏观经济能顺利避险而行，在两大主要方面表现特别突出。

首先，表现在决策充分的前瞻性和超前量上。宏观经济涉险而不出险，最重要的原因就在于决策提前预计到了风险，并采取了切实可行的措施去预防风险。

其中，这里有两个方面特别值得关注。

其一，选择重点行业主动去产能，解决经济主体负担过重的问题，为主导企业增强活力奠定了基础。主动通过在煤炭、钢铁等高耗能领域推进去产能工作，把经济增长过程中形成的风险点加以有序化解，不让这些领域的风险失控而泛滥成灾，既防止风险爆发威胁宏观经济的稳健运行，也防止风险穿透影响这些行业的稳定就业，还通过中央财政的大额转移支付，启动了大东北区域过剩产能的技术改造，不仅有效地化解了经济运

行中的风险因素，也变不利为有利，为老工业基地注入新的经济活力。

其二，选择居民家庭加杠杆去库存，解决地方政府债务负担过重的问题，为经济转型发挥政府作用奠定了基础。主要是引导房地产价格运行方向，吸引城市中产家庭持有资产的兴趣，短期内在一线城市形成了抢购房产的局面，比较有效地把 5 年以上才能消化的库存，集中到 10 个月左右的时间里完成去库存，实现了金融机构有息的高额债务负担对象的转移，从房地产商为主的开发贷款转变为居民承担的按揭贷款，这一转变又相对实现了偿还债务的结构优化，从风险较大的房地产项目贷款转变为优质的住房贷款，同时促使银行贷款的违约率大幅降低，帮助金融机构实现了风险的有效控制。

其次，表现在决策充足的弹性和韧劲上。为了平滑经济周期的不利影响，决策适时适度进行逆周期调节，防范和化解经济运行风险。

第二节 "新常态"下的经济融合与风险化解

一、经济"新常态"下对外开放：国家发展战略的新高度

中国经济的发展不能再在低水平、粗放型的道路上继续走下去了。提升经济发展中的科技含量，增强国家创新能力的内涵品质，必须要在国际化的道路上坚定不移的探索，增强利用全球资源参与国际竞争的能力，促进中国经济转入长效发展的路径，走品质化、精细化、集约化、国际化增长的路子。

国家的发展战略由国家所处的发展水平决定，通过开放推动发展水平提升到一定程度，就必然要进行与之相适应的开放战略'升级，从融入国际环境的跟随式发展，到构建国际发展潮流的引领式发展，其关键就在于路径选择的前瞻性和正确性。当前的中国正处在经济发展的十字路口，也处在国家战略转型和发展的要紧关头，从破除经济限制的内部战略向创造中国智慧的外部战略升级，既是开放战略由量到质升级的题中要义，也是倡导国家战略走国际化路线进行升级的路径选择。

国际经济格局正在发生着深刻变革，不仅有美国经济在危机之后的强势复苏，也有欧洲经济遭受冲击后依然徘徊不前，更有亚洲经济崛起过程中脆弱的再平衡。作为世界经济格局中的一个活跃因素，中国经济保持了 7% 以上相对高速的平稳发展，为国际经济体系的稳定和重构做出了贡献，也凸显了其在当代国际经济体系中的"定海神针"般的地位。

中国的国际经济地位正在显著地上升。这种东西方经济格局的实质变化，不仅把中

国经济的发展和世界经济的运行紧密地联系到了一起，而且把中国摆在了世界经济新格局舞台的中心位置，赋予了其引领世界经济运行、担当"排头兵"的历史使命。这种关联关系产生了崭新的特点和全新的变化，国家战略有必要紧紧跟随时代发展的脚步，重新定位以便适应发展变化了的客观实际，及时做出战略性的布局和调整，从对外开放的初级层面过渡到国际化的高级阶段，这是新时期开放战略升级的核心要义，也是中国经济转型发展提出的内在要求。

中国经济的发展不能再在低水平、粗放型的道路上继续走下去了。提升经济发展中的科技含量，增强国家创新能力的内涵品质，必须要在国际化的道路上坚定不移的探索，增强利用全球资源参与国际竞争的能力，促进中国经济转入长效发展的路径，走品质化、精细化、集约化、国际化增长的路子。

现在，中国经济面临不少挑战。其中，很重要的一条就是如何实现高水平的开放，这不仅包括继续开放，也包括要开放得更好。一个封闭型的经济体，是谈不上开放的；同样，一个开放的经济体，需要扩大开放的度。经济向质量发展，开放升级是转变的必然。拓展开放的领域，向尚未开放的领域扩大开放的范围，逐步建立市场决定资源配置的经济体制和政策，是中国经济走向更高水平开放的现实选择。

而且，现实中，外储量大，贸易量高，短板不少，招商引资、对外开放须创新。之所以要开放升级，就在于现在的开放存在着需要解决的问题。

一是，开放的水平层次低，低水平的开放战略，已经不太适应社会形势，阻碍了国内发展模式的进步。具体来讲，主要表现在：过于注重参与国际分工的外贸过程，忽略了外贸结构的合理性；过于注重出口产品的数量增长，忽略了外贸产品含金量的提升；过于注重贸易中竞争的价格优势，忽略了外贸所得对环境的修复补偿。

二是，开放的方式简单，过于粗放的开放战略，不利于外贸方式的优化，导致低端产品出口和加工贸易比例过高，致使国内产业提升缓慢，不能在国际分工中占据有利地位。外汇出超充分富裕的条件下，引进外资的迫切性已经大大降低，对外开放旧有的方式已经不合时宜。要是没有能够及时调整战略，重新设定外企的超国民待遇，不仅会致使国内相关产业发展缓慢，而且会使发展科技含量欠缺，企业长期忽视自主技术进步，满足于简单产品的生产，对外开放也就难以上档次，最终开放升级终将成为空话。

三是，开放中的金融匹配度粗浅，过度地依赖外资对规模性增长，忽略了国内利用外资的金融溢出效应，在建立本土化的运用和投融资机制上存在不足。

四是，开放中理念、指导思想落后，未能及时更新调整，导致外汇储备增长迅速但有效使用成问题。一个封闭经济向开放经济转型，提升政策体系的开放度和自我调节能力是建立高端经济向结构产业升级的必须。

二、经济"新常态"下对外开放：国家开放战略的新元素

过去几十年，开放战略取得巨大成功，并不能完全决定未来的开放，正确的决定和选择是决定性的。决定未来开放战略的结果，只能是今天对外开放所面临的问题和挑战，这也就构成了开放战略升级的逻辑和路径。国际战略当然也是开放战略，但其内容已经不再只是打开国门意义上的开放，而是致力于用好国际条件的开放型经济发展战略

现今，全球经济发展的不平衡，地缘政治因素的偶然扰动，世界各大经济体明哲保身，保守经济模式的不确定增强，金融危机导致经济格局重构，中国开放的外部环境显著恶化。

（一）决定中国开放战略升级路径的新要素

1. 高外汇储备提供了开放升级的新空间

巨额外储的存在，说明出口创汇的紧迫性已经不是主要问题。问题已经转变为，如何利用好外储，去服务经济增长，谋求更大的政治和经济利益。而且，出口创汇，尤其是初级产品的对外贸易，不应该继续成为中国经济的追求。国内产品不再短缺，即使低水平产能过剩，也不应该再以资源为代价，以低价格去争取出口优势，修正中国过去一直推行的开放战略，把高水平、高层次、高境界的开放作为政策指向，应当说时机已经趋于成熟。

2. 市场体系日趋完善提供了开放升级的新平台

经过多年的经济发展，市场对资源配置起决定性作用，当然包含了国内和国外两种资源，市场都要对资源起决定作用，这种作用就意味着开放战略升级，也是市场发挥作用的根本要求。

当然，这个过程，需要发挥政府的作用，要处理好市场和政府的关系。优化开放任务，改革开放模式，变革投融资机制，调整贸易结构，破解产业发展局限，政府政策的作用不能忽视。显然，政府不该是发展的永远主角，政策也不是发展的永恒动力，国内体制战略必须尊重市场规律。

3. 国际人才充分涌现提供了开放升级的新主角

除了教育的普及化，留学人才的增加，使得具有国际交往能力、掌握先进技术的人才不断涌现，为开放升级准备了丰厚的人才"蓄水池"。应当继续实施人才战略，培育着开放升级的人才大军。更加成熟的开放型经济，需要更大的国际化人才，推进开放的国际战略，众多的留学人才，是推进对外开放关系上升的前提条件。

过去，国内体制因素，是制约深度开放的枷锁，影响对外经济关系的发展。现在，随着全面深化改革，破除体制机制的弊端，争取更有利因素，优化可持续发展的国际经济环境，已经成为中国发展的首要任务。中国探索对外经济关系的国际战略，一定要在国际经济发展的大背景之下，贯彻开放型经济可持续发展的全球战略，这是开放战略更加完善的发展前提。

在国际政治经济体系中，中国的地位发生了历史性的变化，国际化人才的能力也提高很快。综合国力的提升，开放型经济体系的建立，不仅使中国成为世界经济中重要成员，也使中国成为对全球人才较有吸引力的地方。大量留学人员回国创业，不仅带来了先进的经营理念，而且带来了开放升级层面的操作方案，逐渐成为经济新领域引导力量。

（二）开放战略升级的经济背景和变化

经济的变化构成了政策的基础，也孕育开放战略的新思维。经济的现状和变局，必将影响政策的侧重，也推动或延缓开放的步伐。经济选择走向市场化，会体现在资源配置的调控方向上，也必然深刻影响开放升级的广度和深度。

1. 国内外经济环境变化促使开放升级的紧迫性增强

政策对宏观经济变化的判断，也一定程度上暗含了开放战略的走向。顶层判断如果始终一脉相承，经济发展始终是主流，那么千方百计谋发展就是第一要务。在经济发展的大前提下，自然对外开放依然是重大战略，仍然处于需要精益求精的重大机遇期。

但是，考虑到变化了的客观实际情况，开放战略面临较大考验。

先看国际环境的变化。危机之后，美欧各项政策调整，遏制中国发展的意图很明确，弱化中国国际社会影响力的诉求强烈。这个时候，开放战略延续国际路线进行升级，就需要更大的创新和智慧，绝对不能自缚手脚阻碍自身，更不能缺乏目标徘徊不前。

再看国内环境的变化。固然，当前经济增速放缓，已经是不争的事实，中低速经济增长也许将持续较长时间。尤其是，房地产大面积陷入低迷，不少城市房价连续 4 个月走低，经济发展将承受较大压力。此时，保持城乡居民信心，其重要性显著增强。

一方面，经济发展有规律，应该尊重基本规律，避免大起大落伤害经济；另一方面，调节经济有政策，应该发挥干预作用，保持平稳发展的节奏。这就对政策调节提出了很高的要求。

不过，事实已经证明，刺激经济政策，不宜过度，过量使用。坚持不强刺激经济，给经济自我调节留余地，开放战略的地位将上升到更重要的位置上。挖掘潜力，提高进出口贸易的总量和总额，能有效地弥补内部经济的不足。只有对外开放相对顺畅一点，找到富有吸引力的升级版，才有可能保持经济增长的平稳性，保证经济增速不会跌出合理区间，也就能消除和避免各种社会矛盾的诱因，摆脱房地产救市措施失效的负面影响。

由此观之，国内外经济环境变化很大，开放设计的紧迫性日益抬高，以变应变提、速开放战略，促进国际化开放升级战略，推动人民币早日国际化，对化解我国当前经济困局，对摆脱危机的阴影，都有显著的正面影响，是一条比较有前景的正道。

2. 经济"新常态"思维开启开放升级的新出路

我国发展仍处于重要战略机遇期，我们要增强信心，从当前我国经济发展的阶段性特征出发，适应新常态，保持战略上的平常心态。

"新常态"思维的表述，意味着中国经济需要结束非常态，暗含了中国经济需要常态化发展的新条件。房价的缓慢下降，不能只看到不利的层面，而应该客观看到既有弊也有利的实际情况。给宏观经济造成巨大的压力，是弊；但能释放出经济资源，有助于创新发展，是利。既严重影响既得利益的最终实现，是弊；但也能形成更加有效的新利益，是利。维持"经济刺激政策"代价太大，是弊；改变经济无效的旧有模式，导入到常态化运行状态，是利。自然，面对开放的新问题，只要首先自己不慌和不怕，不率先乱了方寸和阵脚，贯彻执行好开放战略，就没有什么可怕的外部力量，靠"唱空"摧毁不了经济，没有任何必要启动危机应对机制。

回顾历史，经济主动转型者寡，而被动实施转型却是常态。这是有深层原因的，既是因为经济发展惯性使然，能修修补补、不用转型就能达到目的，有成本最小的选择，自然就鲜有人愿意大折腾；亦是因为在主客观条件逼迫下，经济现有格局总会丧失合理性，经济无法沿着既定轨道一直运转，房价一直涨到天上去既不现实也不可能，降价就是没有选择的唯一选择，不能等到把国家经济拖入巨大风险，再在"非常道"的情况下被迫拯救经济。这就是"新常态"思维对经济的贡献。

三、经济"新常态"下对外开放：国家开放战略要有预见性

从大政方针的发展战略上看，经济步入"常态化"思维，既是国家治理上平常心的体现，也是应对金融困局冷静淡定的表现，更是处理复杂问题实事求是的重现，所以开放战略的思想指南，是复杂国际化背景下决策的正确选择。

（一）从经济提升品质的发展现实出发，开放战略升级要有经济协同性

当然，这种"新常态"的思维，是建立在切实提高经济发展质量和效益，以利于实现更长时期、更高水平、更好质量的经济发展基础的。

第一，中国经济正在减速慢行，新常态获得社会的基本认同，开放战略国际化需要创新以匹配经济变化。

第二，中国经济正在提升品质，经济进入追求真实发展过程，开放战略升级具备转型的坚实基础。当前经济转型步入关键阶段，真正意义上优化经济结构，就少不了放弃对增长速度的过分追求，让经济增长建立在内涵品质的基础上，充分发挥和体现质量和效益功能，把人从物质层面解放出来，通过文化产业的大发展、大繁荣，实现人的内心安宁和精神层面的富足，抑制贪污腐败净化社会风气，对外开放的水平将显著提高。高层次的开放战略是需要国际化特色的。

第三，中国经济正在自我改造，经济去房地产化获得最终认可，开放战略升级将赢得更多资源的充分支持。

第四，中国经济正在突破思想禁锢，对外开放战略更应该突破创新，把尊重经济规律的上升为决策思路。经济的发展本来就是波浪式的上升运动，有增长的波峰就该有回落的低谷，波峰出现的过程匹配高速增长，波谷到来的过程合理减速求稳，自然是很有必要的经济运行逻辑。不过度干预经济运行轨迹，避免刺激过度自觉不自觉地酿造金融危机，正好也是尊重经济发展客观规律的方式之一。

（二）以"开放促改革"到以"改革促开放"的战略转变

国际战略，是对外经济关系中的"纲"。这个"纲"，不是一成不变的，而是调整变化的。中国经济发展的初期阶段，开放有力地促进了改革深入进行。由于国力所限，也有认识的局限，在以开放政策发展对外经济关系阶段，只能被动地接受国际经济规则，无力参与国际事务的直接决策，对自身理论反思也比较肤浅。开放战略的重心，应该发生明显的转移，由实际上开放促改革，把国际化因素联系起来，通过加入 WTO 的开放战略，促进政府改革深入化。

开放战略是深化改革的时代要求，开放战略升级也是顺应历史潮流的重大战略调整。随着改革迈向深水区，改革的带动和引领作用，也会为开放创造良好的氛围。在国际贸易谈判中，掌握了核心技术的发达国家，为了谋求更大利益，不仅要求开放市场，也悄然垄断经营，严重损害我方合法利益，只有在深化改革条件下，才有可能强硬反垄断，切实维护国家利益。这是改革促开放的具体事例。

（三）国际化开放战略升级的总体定位

以国际战略总体突破，推进对外经济关系发展，是国家总体战略的重要部分。从整体上讲，国际战略应该服务于国内战略，而国内战略要为国际战略提供支撑，呈现出"一体两翼"的总特征。优化国内的开放政策，调整对外开放的策略，仍然是发展对外经济关系的总战略。

然而，要知道，中国的开放战略升级，不总是赢得掌声和喝彩。国际战略的推进，必然会引起误解和抵制。确实，有人不愿意看到强大的中国，也不愿意看到强大中国的国际影响力，不愿意改变自己外交政策，也不愿意放弃现行国际经济体系中的有利地位。因此，确立国际化的开放战略，并选择好中国推进经济发展的必由之路，需要我们全民的外交智慧。

实现中国的可持续发展，跟国际战略的成功推进，是不可分割的。中国经济中的困难和问题不少，突破阻碍经济发展的障碍，需要把开放战略贯彻到底。尤其是，要在国际范围内，表现出开放的诚意和信心，让世界感知到中国发展的善意，也让世界助力中国开放的步伐，发挥更大的积极作用，为世界繁荣做出应有贡献。

第三节 "新常态"下经济金融对三农的影响

一、农业经济的地位凸显抒写稳定社会的篇章

中国是农业大国，也是人口大国。农业问题，是社会安定的基础、粮食安全，事关不但关联吃饭问题，也维系国家安全。任何时候发展经济，农业都要摆到基础地位。经济转型时期，农业基础地位更加凸显，其重要性不容动摇，是稳定经济底线的基石。

新中国成立以来，农业是国家经济的命脉。任何时候，只要把农业摆在正确的位置，国家经济就能得到长足的发展，整个社会的安定就能得到根本保证。

回首改革开放数十年，成功经验表明：农业是经济活力的源泉。国家对农业的高度重视，促进了农业的跨越式发展。花大力气改善农村的落后面貌，持之以恒改变农业的科技含量，全心全意增进农民的福祉，都取得了丰硕的成果。

从中国国情出发的这些政策，不仅加快了新农村建设的步伐，推动了农业经济的不断增长，也提高了企业的效率，创造了最为原始的财富，提供了工业所需的原材料，为工业品找到了消费的主体市场，有力地支持了国民经济的可持续发展。

时至今日，农业已经实现了历史性跨越，农村社会奠定了和谐稳定基础，农民的生活获得了极大改善，农业经济实践的卓越贡献，为中国特色社会主义抒写了最美的篇章。

二、解决"三农"问题的经济政策

改革开放数十年以后，经济发展的螺旋式上升运动发展到一定阶段，尤其当经济的重心重新转到农业的时候，绝对不是对小农经济模式的重复简单，而需要注入现代农业经济的元素，让农村经济发挥更大的综合效益。

（一）国家宏观顶层设计

一方面，粮食安全被排在六大任务的首位，"三农"问题再次上升到优先地位。大体上，过去多年的经济工作会议，其首要任务大多数以经济发展为主题，要么实施"扩内需"，以拉动经济增长为目标；要么"稳增长"，以防止经济减速过快为目标，不是关注于财政和货币政策调整，就是强调宏观调控的政策方向。

另一方面，这种状况是有深厚的历史根源的。说到底，由于第二、第三产业都聚集在城市，这就注定了经济发展的主题和任务，无论是直接促进经济发展的政策，还是间接拉动经济增长的政策，焦点都聚集在城市经济的运行上，都更多关注在城市经济，只要工业经济增速下滑，只要城市经济稳定状态欠佳，就有经济振兴计划扶持，就有经济刺激计划支撑。城市经济沐浴着更多阳光雨露。

显然，农业经济和农村经济，都让位于城市经济这个主题，居了次要和从属的地位，在发展经济的重要程度上，在政策的核心关注度上，长期被遗忘和忽略了。

众所周知，粮食战略安全的背后，既是农业经济健康发展的问题，也是农村经济壮大成长的问题。这次提出"农业永续发展"的命题，是强调经济工作的重心转移，既包含了局部从工业向农业转移的过程，也包括了农业的基础地位不容动摇的恢复，因为重视农村经济的发展，有助于解决城市经济中的问题。

（二）国家微观农业政策

用国内粮食供给将来有短缺的问题，是难以合理解释该政策涵盖的重大的理论问题；用全国粮食减产或国家储备粮食不足，更是难以说明该政策涵盖的重大的现实问题；用海外进口粮食存在重大隐患来猜测，更是把握不住该政策选择的深刻意蕴。

粮食安全确是大问题，任何时候都动摇不得。尤其是，当我们面临复杂的世界经济格局的时候，重视农业的稳定发展，就是确保社会安定团结的大好局面。

世界经济复苏迹象明显，但复苏态势不稳定，将严重制约和影响出口。国内经济下行的压力加大，尤其房地产价格居高不下，不但限制了消费活力，也酝酿经济风险。换句话说，短期来看，高企的房价，无法平稳落地，消费的能力，需要长期培育，城市经济问题很多，不但缺乏增长动力，而且现存问题，城市自身无法克服。这既是当前经济的最大风险，也是经济持续下行的根源。

在当前城市经济面临困难的时候，通过采取"农村包围城市"的战略方略，让农村和农民承担起反哺城市的经济重任，不断通过农民进城市民化的渠道，源源不断地汲取农业财富，假以时日把城市的经济问题逐渐化解掉。

在政策的取向上，重视农业就是哲学意义上的"抓重点"，就是最为智慧的理论创新和思路创新，就是最稳健的策略选项和前瞻抉择。

不但体现了"稳中求进""进"的含义，也表现出了"革自己的命"的改革决心。政策关注的要点，从城市转移到农村，从拉动经济增长到激发财富创造，最终飘移到粮食安全，这既是尊重经济规律的表现，也是务实求真的反映，是马克思主义的基本原理，和中国国情的实际紧密结合的产物。

三、"新常态"对"三农"经济的意义

从战略上看，经济"常态化"是经济治理上的重大变革

在经济增速换挡、结构调整阵痛和改革攻坚"三期"交汇的当口，中国经济急需要创新管理思维，较为准确精致地解决交错复杂的综合问题。这就要求经济发展的指导思想一定要回归本源，政策追求 GDP 的增长目标时，不能完全脱离人本身的诉求，既不能降低人民群众的生活水平，也不能影响民众的幸福指数，应该树立经济发展是为人服务的意识，这是经济"常态化"的立足基础。

换言之，经济"常态化"，是经济领域的"平常心"。经济政策改弦更张，放弃执行多年的强刺激路子，是政策长期基调的巨大变化。只要国家能够拥有平常心，在化解金融困难局势面前，才能具备冷静观察、从容应对的淡定，在处理复杂经济问题面前，才能做到不慌不忙、游刃有余地抉择。面对经济发展动力减弱的现状，只要自己能够沉箱住气，不像过去那样动辄就刺激经济，甚至不惜巨大成本强刺激经济，中国经济也不至于像现在这样被动；面对经济下行预期增强的压力，只要自己不率先乱了方寸和阵脚，不像过去那样把宏观调控当常态，甚至寄希望于频繁调控出奇迹而导致"空调"后果，就不用怕外部"唱空"能摧毁中国经济。

从根本上看，经济"新常态"是经济政策的深入调整。

当前，过度刺激经济的弊端日益显现，国有企业效率低下的毛病日益明显，无法从根子上触动内部矛盾，经济转型的难度日益加大，科技发展的潜力和后劲日益难以发挥，中国经济的内生动力急待释放，及时化解所有这些尖锐矛盾，都需要触及高层次的利益调整，这成为经济政策推陈出新的现实基础。

　　我们理解的"新常态"思维,是淡化了 GDP 指挥棒作用,创造了调整经济目标的条件。在政府考核中,发展经济不唯 GDP 马首是瞻,不把 GDP 增长看作唯一目标,就能彻底改变政府经济风格,把以短期目标追求为主的宏观调控模式,变为中长期目标追求为主的科学发展模式,这是构建以尊重经济规律为重心的"常态化"经济机制,确实是有别于靠政府投入拉动经济增长的非常态模式。

　　从现实上看,经济"新常态"是对宏观经济的乐观判断。

　　经济"新常态"思维,是以经济的质量发展,来代替经济的数量发展,是经济螺旋式上升运动的过程。经济增速在调整中的暂时放缓,并不是放弃经济发展的表现;按照经济发展的规律要求,调整生命周期衰竭的产业和行业,是为经济的进一步增长奠定基础,而不是简单地把有些行业一棍子打死;改革和创新经济发展的方式,不再沿用强刺激的方式提振经济,而是给经济科学地自我调节留余地,不再是对经济回落放任自流。经济外在表现形式相对差一点,只要没有跌出合理区间,就没有必要走老路去救市。当前和今后很长一段时期,仍然要把握好经济发展难得的机遇期,充分利用经济持续健康发展的有利条件,牢牢把握我国经济发展的主动权,准确把握经济发展和改善人民生活的结合点,保持充分的信心取得实实在在的成效。

　　从可操作上看,"新常态"是全面深化改革的经济表现。

　　推进深层次的农业经济改革,需要适宜的农村经济环境。如果经济运行环境顺畅,农村市场充满活力,农业改革顺利进行,农民生活就有保障。因此,经济"新常态"思维诞生,为解决"三农"问题指明了方向,也为河南下一步深化农村改革确立了理论框架。

第九章 基于互联网视角下的金融风险管理

第一节 互联网金融风险分析

一、互联网金融的风险种类分析

互联网金融并没有改变互联网的本质，也没有改变金融的本质，只是把互联网和金融有机地结合起来。因而，互联网金融并没有增加新的风险种类。从现代风险管理的视角来看，传统金融风险，比如信用风险、市场风险、操作风险和流动性风险仍然是开展互联网金融业务的企业主要面对的风险，而操作风险、声誉风险、法律风险、战略风险和信息科技风险等非金融风险在互联网金融的发展中也会显示出来。互联网金融企业依靠其强大的数据积累能力提供了信息中介服务。作为一个企业，其面对的各类风险也早已纳入企业全面风险管理体系的框架之内。互联网金融企业经营所面临的风险并不是新生事物。

（一）非金融风险

互联网金融带来了巨大的增长机会的同时，也对企业风险管理带来挑战，各种犯罪均对互联网金融的技术脆弱性展开攻击。盗窃、诈骗、假冒、服务中断以及勒索等问题已经困扰网络金融很长时间，企业开展网络金融服务除要面对传统的金融风险（比如信用风险、市场风险和流动性风险）之外，还要面对更多的其他非金融风险。可以说，金融给互联网企业提出了更高的风险管理要求。

战略风险是互联网金融企业面对的一个重要风险类型。战略风险与其他类型的风险不一致的地方在于其影响面广泛。企业高管制定的战略决策会影响企业所面临的其他风险种类：随着客户对互联网依赖程度的加深，互联网金融企业高管需要从战略的高度制定企业应如何运用互联网技术提供信息，满足客户交易需求技术的快速进步、企业之间竞争的加剧、各类金融机构的涌入使得一旦企业战略制定错误，其后果将是致命的。互联网技术在金融界的广泛采用可能会导致企业不顾成本地发展互联网金融业务，而此时企业的组织结构、管理能力以及资源可能无法适应互联网金融业务的过快发展。为了有效管理战略风险，企业高管本身应有清晰的战略头脑，应综合考虑互联网金融业务的收益与成本，要制定清晰的实施计划，并进行有效监督。

　　声誉风险对于互联网金融企业非常重要。对于传统金融来讲，金融机构信誉水平良好，其声誉风险主要来源于金融机构人员行为不当，如理财产品销售误导、违规乱收费、不合理的保险拒赔、金融机构人员参与非法金融活动等。互联网技术使得信息传递更为广泛和迅速。网络谣言的迅速扩散使得互联网金融企业和监管机构可采取措施的时间大为缩短。由于互联网金融目前准入门槛低或没有准入门槛，存在"鱼龙混杂"的现象，既有不规范机构本身信誉不佳、甚至涉嫌诈骗的问题（比如一些 P2P 平台跑路导致社会对 P2P 行业不信任），也有机构本身的行为不当问题（如夸大宣传、销售误导、信息披露不充分）。企业务必要有设计完善的危机处置机制以应对来自网络的突发事件。声誉风险主要有以下来源：第一，当互联网金融企业的产品和服务不符合公众的预期时，有关的负面信息就会在公众范围内扩散，而不管与预期相悖的结果是来自互联网金融企业本身，还是来自互联网金融企业所不能够控制的因素，声誉风险都将产生，公众对互联网金融企业开始丧失信心。第二，客户在接受互联网金融企业服务时出现故障，但却没有得到足够的回应以及妥善的处理。第三，通信网络的问题导致客户无法及时查看其账户信息。第四，互联网金融企业在网络金融服务中出现的其他失误也会影响客户对该互联网金融企业的信任，即使这家企业不存在任何问题。第五，黑客对互联网金融企业网络系统的攻击也会让客户对企业失去信心：值得一提的是，声誉风险不仅仅会影响单家互联网金融企业，当整个行业均出现问题时，客户会对整个互联网金融服务失去信任。

　　互联网金融的发展面临法律合规风险，即由于企业业务不符合相关法律规定、监管规则以及道德规章等导致盈利水平或者资本充足率水平下降的风险。在传统金融模式下，法律合规风险与机构的业务模式和法律法规、监管政策有关，主要来源于新业务模式法律架构设计缺陷、法律法规和监管政策变化等。互联网金融企业的法律合规风险同样与机构的业务模式和法律法规、监管政策有关，只不过互联网金融的业务模式往往比较新（如 P2P 和众筹），业务模式尚不成熟，部分业态存在一定的法律风险（如股权众筹可能存在非法集资风险）。法律风险当互联网金融企业、客户和交易活动不在同一个国度时更高。有关互联网金融企业发展的相关法律法规目前还不完善，互联网金融企业的准入标准、运作方式、电子合同有效性以及交易者身份验证等方面仍没有出台完善的法律法规作参照，互联网金融企业经营将面临更为复杂的法律风险。互联网金融企业在提供网络金融服务的同时面临着信息披露和消费者私人信息保护等问题，如果 51 联网金融企业没有向消费者详细说明消费者的权利和义务，互联网金融企业就会面临被起诉的风险。没有有效地保护消费者的个人信息会遭受监管当局的惩罚。黑客侵入互联网金融企业网站导致消费者出现损失时，互联网金融企业同样会面临被起诉的风险。

互联网金融的发展离不开信息技术，因此信息科技风险对于互联网金融企业的发展具有重要影响。对互联网金融企业信息系统的威胁有内部因素，也有外部因素。非授权入侵系统是信息科技风险的重要内容，比如对系统的非授权侵入会将客户私人信息泄露、出现客户资产和负债状况出现混乱等问题；向系统植入病毒，会导致系统运行混乱，信息失真。系统安全漏洞主要包括以下三类：第一，能够引发犯罪的安全漏洞，比如诈骗、盗窃商业机密和私人信息等；第二，黑客攻击漏洞，比如虚假网站、使网络服务瘫痪等；第三，系统本身设计中存在的漏洞。

操作风险也是互联网金融企业面临的主要风险类型之一。具体类型包括：系统和交易的安全，比如数据的保密性、是否对第三方进入进行授权、保证网站正常运行等。在开展互联网金融的业务过程中，企业会将一些业务进行外包，从而产生操作风险。外包将在一个业务流程中产生更多的服务链条，虽然有助于企业降低成本，但却降低了企业对外包项目的控制能力，从而增加了操作风险。企业开展网络银行互联网金融业务中，对潜在客户数目预测的不精确也是操作风险种类之一。在这方面大量互联网金融企业都会面临这一问题。预测数目偏少，企业可能不能很好地满足客户需求；预测数目偏多就会增加企业经营成本。因此，如何尽可能地准确预测潜在客户数量对企业的风险管理是非常重要的

（二）金融风险

互联网金融企业归根结底从事的是金融业务，因此传统金融风险也是互联网金融企业面临的风险。信用风险仍然是互联网金融企业面临的重要风险。信用风险通常被定义为借款人不能按照合约规定还本付息而给企业的盈利和资本带来损失的风险信用风险蕴含在金融机构的所有经营行为中，不论表内和表外，并受交易对手、发行人和借款人行为的影响。对于传统金融，信用风险管理更偏重实地调查与人为判断的结合，信用风险主要来源于可靠信息来源不足、调查人员技能不够、态度疏忽、刻意隐瞒，不恰当的考核、激励和信贷决策机制，不恰当的外来干预等。随着大数据技术在互联网金融企业中的广泛运用，信用风险管理更偏重数据挖掘与模型决策的结合。信用风险主要来源于数据来源不充分、数据失真、模型设计缺陷等。互联网金融企业的发展为金融服务打破地域限制带来了机遇，不同地域的消费者都可以通过网络获取金融服务。然而企业通过网络与客户建立联系，缺少传统银行经营过程中与客户的个人接触，这使得互联网金融企业对客户信用的核实带来更大挑战，而客户的诚实信用是良好金融决策的重要因素。同时，互联网金融企业在核实抵押物和完善安全协议方面也面临挑战。对互联网金融企业信贷

组合的有效管理，需要管理层有效识别信贷风险，理解信用文化，同时确保控制贷款风险的政策、程序和实践的有效实施流动性风险是指虽然有偿还能力，但由于暂时得不到钱而无法偿还的风险。在传统金融领域，流动性风险主要来源于期限错配（如存款与贷款的期限错配）、超出预期的资产损失（如大量不良贷款、大额保险理赔支出）、因市场恐慌导致的大规模集中提取 / 赎回（如银行挤兑、基金集中赎回）等。互联网金融企业面对的流动性风险基本上与传统金融类似，因为互联网的传播效率更高，一方面谣言和恐慌情绪的扩散速度可能快于传统金融，另一方面通过官方渠道平息谣言的速度也可能快于传统金融。在资产管理类（包括第三方支付现金管理）和贷款类互联网金融的产品中，资金流入是短期的，而贷出是长期的，因而会出现期限错配现象一旦发生集体性挤兑事件，互联网金融产品将遭受流动性风险。

传统金融领域的市场风险也是互联网金融企业面临的主要风险类型巴塞尔委员会认为市场风险的主要类型有股票风险、利率风险、汇率风险和商品风险。互联网金融企业面临的市场风险基本上与传统金融类似，只不过互联网金融的交易成本更低，当利率、汇率、资产价格变化时，用户可能会更轻易地进入或退出某种金融资产，例如当货币基金回报率相对于存款的利率差缩小（扩大）时，用户会更容易地退出（进入）货币基金（当然，这个过程通常情况下是有序的转换，不一定会引发流动性风险）、互联网金融企业发售的理财产品会投资到金融市场中，因而，金融市场风险如股票价格的涨跌、利率的波动、汇率的变动都会影响到产品净值和互联网金融企业的公信力。同时，互联网金融产品投向的资产（如房地产行业）会因为商业周期的波动而带来收益的变化。这会影响互联网金融产品的价值，进而影响互联网金融企业的盈利水平。

（三）产品视角下的互联网金融主要风险类型分析

金融产品是金融风险的载体。投资者购买互联网金融服务本质上是购买互联网金融产品。互联网金融产品主要有以下几大类：第三方支付型产品、财富管理型产品、借贷型产品。

对于第三方支付类型的产品来讲，操作风险是其主要面临的风险之一O第三方支付产品涉及用户众多，任何操作失当或者系统被攻击都会造成用户隐私信息泄露和资金盗用的问题。易观国际《中国第三方网络支付安全调研报告》显示，木马和钓鱼网站给用户带来的资金损失比率为24%，账户和密码被盗占比为33.9%，排名为前两位。第三方支付产品还面临法律风险。第三方支付平台的匿名性、隐蔽性以及信息不对称性，使得第三方支付产品在经营中面临洗钱问题、沉淀资金问题、信用卡套现问题等法律问题，法律风险较高。

市场风险无疑是互联网金融企业发售的财富管理型产品面临的主要风险。只要是金融企业就要通过承担风险来获取收益不论经营这类产品的互联网金融企业的营业模式如何，企业最终都会进入金融市场进行投资活动。只要涉足金融业务，就会面临股票风险，利率风险、汇率风险和商品风险等市场风险以及流动性风险。可以说，互联网金融企业所面临市场风险的大小从某种意义上决定了企业的核心竞争力。由市场风险引发的流动性风险无疑也是这种财富管理型产品所面临的主要风险一旦市场出现动荡，或者产品收益与预期不符，在互联网信息快速传递的情况下，消费者可能会同时进行赎回，互联网企业会面临严重的流动性风险。

借贷型产品主要包括两类，分别是 P2P 网贷和众筹平台。流动性风险是 P2P 网贷主要应对的风险种类之一，流动性风险的来源在于资金垫付给 P2P 平台带来的压力，而压力的来源是"保本付息的承诺"和"拆标"两种行为。当前对 P2P 网贷公司的定位不清晰，使得 P2P 网贷面临被指控为非法集资和非法吸储的风险而众筹平台同样也面临着非法集资、知识产权受到侵犯、代持股问题以及公开发行证券等法律风险，在信用风险方面，由于 P2P 平台一般会承担一些担保职能，使得借款人的信用风险对 P2P 平台影响较大。众筹平台的信用风险主要来自项目发起者。项目发起者自身的信用风险是影响众筹平台能否生存的重要因素之一。同时，在实际经营中，众筹平台扮演了支付中介的角色，靠着自己的信用经营了数目巨大的资金一旦出现信用危机，投资者就会损失惨重。

二、互联网金融的风险特征

（一）互联网金融的发展有助于降低某些风险

虽然互联网金融的发展会面临诸多风险，但互联网的发展也具有降低风险的作用第一，互联网金融有助于全社会信用体系的建设，增加信息透明性，降低社会整体的信用风险，中小企业融资之所以难的一个很重要的原因是中小企业信息不透明，银行无法对其信用风险进行评估。阿里巴巴推出的"诚信通指数"，建立了交易双方的信用量化综合评分体系，把会员的认证状态、档案年限'交易状况、客户评价、商业纠纷、投诉状况等纳入该指数的统计范畴。信息的公开对中小企业整体信用体系建设起到了促进作用，因为在这种信息公开的环境下，信用低的中小企业无法获得贷款。

第二，投资者能够通过互联网金融企业分散投资风险。现代投资理论告诉我们，分散化有助于降低风险。许多 P2P 平台都对投资者对投资一笔项目的金额进行限制，鼓励投资者将其资金投至多个项目，从而运用分散化技术降低自身投资风险根据 P2P 平台统计情况，分散投资可以解决个别借款人违约所带来的整体风险，使得投资者总体上获得正的收益。

第三，互联网金融的发展有助于降低民间金融风险，从而缓释金融体系的系统性风险。民间金融之所以风险较高，一个重要原因是信息不对称和不透明，经营环境不规范，债权债务关系错综复杂，使得借款人与贷款人之间无法有效评估信用风险 P2P 型的互联网金融企业将规范的借贷流程、透明的披露制度引入民间借贷，无疑有助于把顺民间金融的债权债务关系，有助于将科学的风险管理引入民间金融体系，有助于将民间借贷阳光化和规范化，这对于区域金融体系的稳定具有重要的现实意义。

第四，大数据挖掘技术增加了企业风险管理能力。首先，大数据挖掘技术增加了金融企业信用风险管理能力。在传统金融服务模式下，银行主要依靠个人的努力（如财务报表分析、实地调查）来识别借款人的风险高低，信息的真实性往往取决于个人的经验积累、主观判断和职业素养，加上现场调查的频率低、成本高，就给银行有效识别信用风险带来了很大的困难。在互联网金融服务模式下，贷款机构可以利用借款人在电子商务平台、社交网络、第三方支付等互联网平台上的数据，进行数据分析和挖掘，进而做出信贷决策：这些数据不是依赖于个人的主观判断，相对而言失真的程度小，并且数据更新的频率更高，甚至可以做到实时监控，反而能够帮助贷款机构更好地识别借款人的信用风险。其次，在信息技术安全方面，通过大数据挖掘，互联网金融可以更好地分析用户的行为特征，识别和拦截非法交易，更好地保障用户资金安全。比如支付宝曾出现同一个用户在三地同时登录支付宝账户进行网络购物，支付宝立即对账户进行了冻结，以防账户资金被盗。事后证明，该用户是属于某明星的账户，同时登录支付宝账户的是其三位私人助理，支付宝核实以后对账户进行解冻。整个交易识别和拦截机制是建立在数据挖掘的基础上。再次，在反洗钱方面，在识别信用卡套现、反洗钱等领域，支付宝基于对商户和用户的交易行为数据进行分析和挖掘，设计了识别信用卡套现和洗钱量化数据模型，通过这个数据模型可以有效识别信用卡套现和洗钱的可疑人员。最后，在预测传染性风险方面，通过大数据分析，互联网金融能更好地识别金融风险传染的源头、路径的结果，提前进行布局防范。比如，通过对用户消费行为的数据分析，天弘增利宝可以更好地预测用户的申购赎回行为，提前做好资金的准备以应对赎回压力。

第五，随着信息技术的广泛使用，互联网金融有助于降低金融企业的操作风险。在传统金融服务模式下，操作流程尽管很多已经实现了系统自动化，但仍然很大程度上依赖人工操作，操作风险也很高，比如未经授权的业务操作、签字盖章环节遗漏等。互联网金融的系统自动化程度大大高于传统金融服务模式，对人工的依赖程度很低，因人工操作失误导致的操作风险概率会更低。

（二）互联网金融风险特征——传染性

互联网的"开放"和"即刻传播"是其主要特征。从互联网的这两个特征出发，互联网金融的风险特征是"传染性"和"快速转化性"。

传统金融网络模型认为完全网络模型有助于分散流动性冲击进而降低金融体系的风险，提高系统的稳定性。而如果网络结构集中度高，那么该结构内节点之间的关联复杂程度较低，传染发生的频率会更低，破坏性也会更小；而当系统关联度高的时候，传染反而更容易蔓延。对于复杂的金融机构网络，在金融市场处在正常的情况下金融风险会得到很好的分散，但在金融危机来临时，由于传染性的存在，金融风险反而传递更广泛，更容易引起大面积的风险爆发。这种传染机制的载体是信息。互联网技术的发展加速了信息在消费者之间的共享程度。当金融体系处在正常时期时，信息的广泛共享有助于消费者做出理性的决策而降低风险。但当金融体系处在动荡时期时，信息的快速传导会使得消费者在同一时间做出同一决策，会形成"个体理性的加总不等于整体理性"的情形发生，从而出现"宏微观悖论"，加速传染的蔓延。

从互联网"开放"的特征出发，互联网增强了投资者和金融机构风险的传染性，增加了风险的影响"面"。互联网金融的发展反映了普惠金融理念，因而互联网金融产品的参与者往往非常多。而在网络媒体如此发达的今天，关于互联网金融企业的负面消息（如技术故障）会在投资者之间很快地传递和共享不同的投资者会做出相同的反应（如撤资），因而互联网增加了不同投资者之间行为的传染性。同时，互联网金融企业如某家 P2P 贷款公司的不良声誉传播开后，对 P2P 贷款行业并不知情的投资者很可能对整个 P2P 行业开始不信任，因而撤资或远离这个行业。因此，某个机构的声誉风险就会传导到这个行业的其他机构。

（三）互联网金融风险特征——快速转化性

从互联网"即刻传播"的角度出发，互联网加速了不同风险之间的互相转化。虽然互联网金融并没有增添新的风险种类，但是非金融风险对于互联网金融的发展来讲，重要性显著提升。互联网金融提升了信息科技在金融业务中的重要支柱性作用，使得非金融风险和金融风险之间的相互转化速度变得更快。在具体实践中，风险的爆发和传染往往是多来源、多路径的，比如风险的爆发既可能是企业战略失误（比如信贷机构出现了严重的不良贷款损失）、也可能是企业操作失误（系统超负荷导致营业中断）、也可能是黑客攻击（比如账户信息大规模泄露）、也可能是竞争对手蓄意制造谣言（比如恶意诋毁竞争对手存在严重安全漏洞）、也可能是个别企业的违规行为被媒体曝光引发公众对整个行业的不信任（如个别 P2P 平台跑路）等等，又比如风险的传染路径可能是沿着"操作风险到声誉风险再到流动性风险"的路径，也可能是"信用风险到声誉风险到流动性风险"等。另外，以互联网银行为例，信息系统的某项错误可能会引发客户在网上发表"负面消息"，进而会引发网上挤兑支取，金融机构因而会出现流动性风险（即无法保证全额兑付），而流动性风险又可能会引发信用风险（即无法偿付其他债务），进而声誉风险也会变大（更多的投资者开始怀疑这家机构），此时金融机构将会面临更为严重的流动性风险。再比如说，某项政策的出台导致互联网金融产品的使用者挤兑支取（或存款），这有可能加大信息系统的负荷而引发信息系统风险，进而带来声誉风险……互联网的特点就是信息传递更快捷，因而互联网将加速不同风险转化的速度。

我们以互联网货币市场基金为例，对风险的快速转化性进行说明互联网金融企业在制定经营战略后会面临战略风险，而企业制定的战略决定了企业的市场风险敞口，进而决定了可能遭受的市场冲击类型。如果金融市场出现动荡，一旦互联网金融企业遭受市场冲击，可能会造成互联网金融企业偿付能力不足，企业信用风险开始增加，而此时互联网金融企业的操作风险、信息科技风险以及法律合规风险也有可能迅速增加，这些风险信息会通过互联网快速传递给消费者，此时互联网金融企业的声誉风险随之增大一旦消费者开始大规模赎回，互联网金融企业又会面临流动性风险。在经营中互联网金融企业与银行又存在千丝万缕的联系，因此互联网金融企业的流动性风险又会对银行流动性产生压力，进而给银行带来流动性风险。一旦这种流动性风险在金融体系内传染，整个金融体系就会面临流动性压力，系统性风险爆发的可能性会迅速增加。

综上所述，互联网金融并没有增加新的风险种类，但却加速了各类风险之间的转化，扩大了金融风险的传染面。然而，只要是金融，就无法摆脱风险管理这一核心问题。投资者在享受普惠金融服务的同时应了解互联网金融风险的特点。互联网企业应积极寻找预防互联网金融风险的途径。同时，监管机构也应根据互联网金融的风险特征提出相应的监管措施。

第二节　互联网金融监管框架研究

金融危机爆发后，学术界开始关注风险从微观到宏观的转化和传染针对中国如火如荼发展的互联网金融，在关注具体每一项互联网金融业务和每一个互联网金融公司的风险的同时，作为监管当局，更应关注互联网金融运行的全貌，以及新兴的互联网金融与传统金融体系之间的风险传导问题，因为互联网金融与传统金融机构存在千丝万缕的联系。"关注微观主体，立足宏观稳定"应是在新兴金融发展业态下的监管框架构建的应有之义。

在金融服务效率提升方面，互联网的加入被视为是一种全新的金融服务提供方式，而非一种普通新增的买卖渠道。互联网金融的革新能力来源于互联网技术的即时传递功能和其包含的大数据信息。其衍生而来的价格、产品的差别定制功能，在为销售方提供更多保护的同时，也为消费者提供了更合心意的产品，促进市场交易和竞争更加有效率。

互联网对金融的三大重要催化作用主要表现为价格透明化、定价差别化和脱媒化。这些现象不是互联网金融特有的，但却在互联网金融中被大大强化。具体来说，价格透明化代表着互联网具备比传统金融交易模式更大程度实现市场参与者之间信息对称的能力依靠信息不对称而实现的套利行为在互联网金融中变得寸步难行。价格对比的便捷导致线上商家需要降低价格可比度，并建立更复杂细致的差别化定价策略。互联网大数据的信息恰好为此提供了基础，从而大大提升企业的盈利能力。最后，互联网给直接金融提供了便捷的渠道，降低交易成本，将加速金融脱媒化趋势。而这一趋势的源动力实质是传统金融中介差别化定价能力低下的普遍状况。

然而互联网金融也有一些不稳定因素，高收益的背后风险逐渐暴露。那么，应如何监管互联网金融是政府面临的重要问题。互联网金融是新事物，有其独特的发展规律和风险特征，因而照搬其他金融机构的监管模式是欠妥当的。传统针对金融机构微观审慎监管的"防患于未然"思想可能会阻碍互联网金融的创新，但我们又不得不防范互联网金融的发展给金融体系稳定和区域社会稳定带来的负面影响。监管与创新之间的纠葛再一次显现。如何构建互联网金融风险监管框架，最大限度地发挥互联网金融对实体经济发展的促进作用，同时又保证金融体系的稳定是摆在监管当局面前的新课题。

已有的研究表明，互联网金融的风险特征并不是互联网金融所独有，但被新的金融运转模式所放大。学者们的监管建议也基本集中在针对互联网金融企业具体业务风险构建监管框架，缺乏对整体监管框架的构建，对互联网金融的系统性风险分析以及金融体系整体稳定的关注较少。互联网把经济体全部连接起来。不同的关联结果意味着不同的风险传染路径。同时，互联网金融普惠金融的本质特征决定了对于互联网金融监管，必须整体上保持稳定，防止出现大规模社会动荡。因此从整体的视角研究互联网金融监管，在基于微观创新最大限度自由的前提下，应关注于风险的传染性、互联网的风险放大作用所体现出的风险类型的快速转化性、互联网金融企业与传统金融机构之间的关联性、互联网金融风险对整体金融体系风险的影响等方面，加强透明性监管，使互联网金融体系所表现出的复杂网络结构清晰地呈现在监管机构面前，并在此基础上构建旨在保证金融体系稳定运行的互联网金融监管框架。

一、互联网金融与传统金融的融合

金融业天生是对信息敏感的行业。自从互联网技术出现后，金融业便与互联网结下了不解之缘。金融机构不断试水互联网金融，以谋求服务的创新。中国互联网技术与金融行业的融合与西方国家步调基本一致，而且整体体现出金融业拥抱互联网的态势。2013年被很多人冠以"中国互联网金融元年"的名号，传统金融机构纷纷触网：中国建设银行推出"善融商务"；中国交通银行首度与淘宝合作推出"交通银行淘宝旗舰店"；工商银行"融e购"上线；德邦证券与淘宝合作推出"财富玖功品牌店"；国泰君安进入央行支付系统，推出证券账户的消费支付功能。浙江泰隆商业银行在社区化经营及农村市场开拓定位中，通过自身积累的数据高效率低成本地解决了小微信贷。

随着互联网金融的发展，中国金融体系存在两类既不相同，又存在千丝万缕联系的金融业态形式：传统金融业态和互联网金融业态。互联网技术突飞猛进使中国长期表现的金融压抑得到释放，无论是供给还是需求。金融所表现出的生产力将会进一步释放。因此从更宏观的意义上讲，这是一个金融体系效率不断提高，金融体系不断升级的过程，是一个金融业拥抱互联网技术，降低金融供给成本，调节金融风险的过程。在一个理想情形下，金融业可以通过大数据技术实现信息完全对称，风险会被精确定价，社会资源配置实现最优。而达到这一过程的途径一定是金融业与互联网技术的融合，因此从这个意义上讲，传统金融体系完全有能力运用互联网金融技术实现金融服务效率的提升。

许多互联网金融创新都是传统金融业务的网上延伸，是互联网技术对金融业务运营模式的一个改变。从经济学角度看，互联网技术对金融服务模式的改变本质上是对金融服务供给方式的改变，而这一改变很大程度上取决于供给成本。对于金融业来讲，这一成本不仅仅是有形的营业网点的减少，更主要的是信息获取成本的降低。对于一个以风险为永恒主题的行业来讲，信息获取成本的降低意味着经营风险的降低，而这恰恰是互联网技术与金融业实现耦合的最大接口。随着社会分工的发展，金融机构有专业的风险定价优势，而互联网技术则为金融机构的风险定价提供了数据来源，二者互补性极强互联网技术本质上使得新兴的互联网金融公司与传统金融机构在"长尾市场"上形成新的竞争格局，这使得二者存在共同的风险敞口，进而会产生金融业务的相关性。

微观运行主体风险的加总会影响宏观金融体系的稳定，即每个理性的个体行为的加总并不意味着整体是最优。比如，中国A股市场经历的暴涨暴跌，从某种意义上讲与微观层面的配资体系有关，而基于互联网技术的配资系统无疑在此次股票暴涨暴跌中扮演了助推器的角色。每个投资者应用配资系统进行交易可能从个体层面来看是最优的，但许多投资者都这么做，就会放大资本市场的波动因此对基于互联网技术的配资系统的监管，也不得不将其放置在影响资本市场稳定的大背景之间。也就是说，微观体系的风险运行一定会影响宏观整体的稳定，对于互联网技术与金融交易有机结合的监管，一定要放在金融体系整体稳定的系统之下来思考。

互联网与传统金融的融合主要体现在服务成本的降低，技术支持则主要为大数据、云计算等技术。之前之所以存在传统金融与互联网金融两个金融业态的划分，主要是因为传统金融服务提供的是标准化的、流程化的服务，而由于边际服务成本很高，传统金融体系无法满足草根的个性化金融需求（比如小微理财等）。随着互联网和大数据技术的发展，互联网思维的扩散，传统金融也纷纷进军互联网金融，其动机无疑会增加传统金融的盈利。如果传统金融机构能够有效运用互联网技术，则金融服务供给（尤其是之前没有被传统金融覆盖的金融服务）的边际成本会大幅降低。"互联网＋金融"是热点，互联网金融之所以盛行是因为其大幅度地降低了交易成本，无论是互联网保险与基金的销售，还是互联网银行的成立，其初衷都是降低交易成本。

脱胎于大数据和云技术的互联网金融能够起到降低金融风险的作用。互联网金融的发展既有可能增加金融体系的风险，也有可能降低金融体系的风险，主要体现在以下四个方面：第一，大数据技术能够促进精细化信息披露，对了解互联网金融运行全景图具有很大的帮助作用信息是金融资源有效配置的核心。信息科技的发展能够帮助解决传统信息披露中的两个难题：决策前的逆向选择以及决策后的道德风险。第二，促进风险管理技术发展。在互联网金融中，大数据和云技术的广泛应用使得数据挖掘技术、中小企业信用评级技术快速发展，风险管理和风险定价效率显著提高，从而降低信息不对称程度。第三，有助于监管当局了解金融体系运行状况。监管当局应尽可能地运用先进的信息技术，了解每家互联网金融企业的交易对手，以及交易对手的交易对手，从而钩织互联网金融运行的全貌。第四，大数据技术使得监管当局对个体的行为预测变得更加可能，运用大数据技术，监管当局能够更清晰地掌握互联网金融运行的全貌，能够更清晰地了解互联网金融运行的网络结构，能够更具预判性地发现互联网金融运行的脆弱点从而提前采取措施总之，信息科技的发展虽然可能带来信息科技风险的增加，但也有助于提高互联网金融运行的稳健程度，有助于整体管理互联网金融的运行风险，有助于低成本地获取微观金融主体的经营信息，进而保证金融体系稳定。

三、互联网金融监管原则

技术的进步不会否定金融监管的重要性。金融监管主要有三个目的：消费者保护、维护市场公平竞争和保持金融体系稳定。互联网技术的进步加速了金融自由化和金融全球化，从而对金融监管提出了新的挑战。互联网金融监管的宗旨是服务于实体经济和如何协调政府监管和行业自律之间的关系。互联网金融监管应注意以下五个方面：

第一，金融发展的宗旨是服务于实体经济。互联网金融的快速发展也得益于实体经济的金融需求。以 P2P 和众筹为主要营运模式的互联网金融无疑可以缓解广大中小企业融资难的问题，且有助于民间金融的阳光化，对缓解民间金融风险具有重要作用。因此，如何平衡监管与发展的关系，如何通过有效的、低成本的监管使互联网金融有效为实体经济服务，是互联网金融监管应着重考虑的问题。

第二，金融监管的主要职责之一是保护消费者，保证相关信息能在消费者之间进行平等的共享互联网技术的发展使得消费者保护的问题更为严峻，主要体现在以下三个方面：其一，交易安全和数据保密问题。交易安全性和数据保密性是互联网金融发展的关键核心问题。G10 国家就消费者信息保护、网上交易的责任机制以及安全控制系统的流程建设已制定相关准则。其二，互联网金融服务标准化问题。互联网技术使得金融服务全球化更为容易，且以往针对传统的银行监管规则对互联网银行似乎并不适用，G10 监管当局也为全球互联网金融的发展建立了标准化准则。其三，互联网金融企业的准入问题。互联网金融企业并非传统金融机构，应根据其涉足的业务性质对互联网企业的资质进行规定，只有符合要求的企业才能开展互联网金融业务，从而更好地保护消费者。

因此，对互联网金融企业的监管应首先加强透明性监管，注重市场纪律和透明性之所以实行透明性监管是因为这可以增加市场的监督职能，保证市场参与者能够平等地共享信息，保证市场有效运转从宏观层面来看，透明性监管有助于信息的传播和市场参与者充分的信息共享。实施透明性监管，不做虚假宣传是保护消费者的有力措施；从微观角度来看，监管当局通过规则制定防止金融机构做出不利于消费者的行为。其次，监管当局对金融机构实施更为严格的披露制度，信息技术的发展使金融企业更为清晰的披露成为可能，信息披露的质量和数量也应随着信息技术的发展而大幅上升。事实上，信息科技的发展解决了传统披露中的两个难题：决策前的逆向选择以及决策后的道德风险。监管当局应在信息披露质量和获取信息成本上有所作为。最后，监管机构还应关注消费者教育，这样才能更好地进行消费者保护。

第三，互联网金融监管应维护市场公平竞争环境，保证市场的有效性。互联网技术的发展使得金融服务的准入限制更为宽松，使得许多非金融企业进入金融市场，和银行以及证券公司竞争提供金融服务，从而增加金融市场的竞争度。互联网金融产品服务往往由最先提供的供应商来制定行业标准，这就存在某家大型服务提供商运用其抢先进入市场的优势地位来操纵市场。监管当局应制定相关规则，保证市场结构合理，使市场不过分集中。金融机构规模越大，其提供金融服务的规模收益越强。互联网金融技术的发展使得金融服务（给小微企业贷款、经纪服务和交易服务）的供给成本更低，因此金融机构的规模收益也会相应降低在互联网金融的发展浪潮下，传统金融的服务链条可能会被互联网打断分解，此时金融服务的纵向整合问题以及金融市场的过度集中或者"一家独大"问题可能并不是金融监管当局主要关注的对象互联网技术的发展使得交易以网络化的形式形成规模效应，且互联网技术的发展使得金融企业将以往纵向整合的交易进行外包，从而对第三方机构更加依赖此时，监管当局可能会更加关注于第三方服务机构。

第四，互联网金融监管应促进金融体系稳定。首先，互联网金融的发展使得银行的地位不再特殊。互联网金融企业完全可以替代银行的支付清算功能。同时，各种互联网金融所销售的金融产品和提供的信贷产品比银行提供的金融产品更有吸引力，从而使金融脱媒化更加严重互联网金融的发展给银行信息服务的功能带来挑战。监管为保证银行体系的稳定性的说法应该进行修正。虽然大多数专家学者对互联网金融所起的作用存在疑问，但宏观金融稳定政策无疑应更多地考虑互联网金融企业，而不应仅仅专注于银行体系。其次，互联网金融企业对金融稳定政策的挑战互联网金融企业的发展使得支付清算体系与信用提供相分离，从而降低了银行在支付清算体系中的重要作用。因此，传统的防止银行体系传染风险发生的干预方式可能并不适用于互联网金融时代系统性风险可能在互联网金融企业爆发。另外，互联网金融企业提供的存款替代性产品也会对金融体系的稳定产生影响。互联网金融企业运营所需要的信息基础设施使得风险会更为复杂，一旦系统崩溃，对金融体系的影响将是致命的。

第五，互联网金融的发展给审慎监管带来挑战（表9-1）。互联网金融的发展会对审慎监管带来影响。审慎监管建立在对金融机构风险清晰的定义和理解之上，要求金融机构严格遵照市场纪律。但互联网金融企业的发展使得非金融机构大量提供金融产品。监管当局对互联网金融的发展应尽量保持中性，不要打击金融创新，从而使消费者享受互联网金融带来的益处。在这种情况下，应发挥行业自律组织的重要作用，使行业自律成为互联网金融监管的有效组织形式。

表9-1　互联网金融对金融监管的挑战

监管目标	传统监管模式	互联网金融下的监管模式
消费者和投资者保护	透明性原则	互联网技术的发展增加了金融体系的透明度，监管者应关注信息质量、信息获取及消费者和投资者保护、非传统金融机构进入金融领域的准入，信息和数据安全、不具有实体店面的互联网企业跨境业务监管等
	经营规则	

监管目标	传统监管模式	互联网金融下的监管模式
维护市场 公平竞争	偿付能力监管	互联网金融监管应关注：偿付能力监管与更有竞争力的报价结合；信息技术的发展如何不降低银行产生的规模收益；如何定义市场；不在传统监管半径之内的第三方机构如何定位
	避免垄断，防止市场过度集中	
金融稳定，建立金融安全网	银行体系的系统性风险	互联网金融监管应关注：关联度下的金融监管；清晰认识到银行在支付清算体系，金融中介作用以及储蓄作用中地位受到威胁；系统性风险可以从互联网金融企业爆发或者从不在传统金融监管范围内的第一方外包机构的信息基础设施处爆发；定义新的金融企业分类办法；与国际市场连接紧密所带来的新的风险；信息技术发展以及市场创新所带来的风险
	政府提供隐含保护	
	降低道德风险	
	清晰定义金融机构种类	
	制定监管指引	

四、互联网金融监管的"宏观——微观"协同机制

协同监管理念下的"宏观——微观"结合的综合监管框架，以实现"宏观管住，微观放开"效果，在保证金融体系稳定的同时，最大限度地发挥互联网金融创新对经济发展的正面作用，具体来讲，在微观上监管当局应给予互联网金融企业产品创新最大限度的自由，监管应着重关注互联网金融产品的合规性和信息披露，做好消费者保护工作；要对互联网金融企业实施准入监管，对牌照发放进行严格控制，对互联网金融企业内部全面风险管理体系建设提出要求；对涉猎金融业务（存在担保或刚性兑付承诺）的非纯中介型互联网金融企业（比如以宜信为代表的综合性互联网金融企业、以人人贷为代表的P2P担保平台）施加必要的审慎监管要求和交易对手信息披露要求。

在宏观上，监管当局应从宏观审慎视角出发，保证互联网金融整体运行的稳定，防止互联网金融发展过热和互联网金融产品的同质性所带来的负面影响，关注由非金融风险可能导致的区域系统性金融风险和区域社会不稳定，注意互联网金融风险向传统金融领域的扩散以及风险的交叉传染和快速转化，要使互联网金融所体现的复杂网络结果清晰展现在监管面前。因此在宏观层面，大数据技术更多地用来监测金融体系的异常值，寻找互联网金融运行过程中可能存在微观金融企业无法监测得到的风险点也就是说，宏观层面的监管更多的要防止微观互联网金融企业最优行为导致的宏观体系的非最优行为的发生在此框架下，互联网金融监管主体应是多部门共同形成的联合委员会，这也符合当前大金融监管的发展趋势。

五、互联网金融发展社会制度基础需求

互联网金融的健康发展对社会"软"环境要求很高。从某种意义上讲，互联网金融的发展是社会进步发展到一定阶段的产物。互联网金融健康发展的前提是需要社会征信体系健全、消费者保护制度完善、相关法律法规执行到位。

第一，社会征信体系建设是互联网金融正常运行的根基。互联网技术将萍水相逢之人纳入统一的信用交易体系内。大多数情况下，每个人对自己的交易对手完全陌生，这一点在P2P平台和众筹市场表现尤为明显如果社会信用体系无法对每个人形成约束，则互联网金融会成为诈骗的工具，信用关系在一个社会也无法生根发芽。

第二，完善消费者保护制度是互联网金融正常运行的稳定器互联网金融消费者的"长尾"特征决定了互联网金融投资者处于弱势地位，因此消费者保护制度要先于互联网金融监管制度，因为互联网金融企业的利益与消费者的利益不完全一致当消费者合法权利受到侵害时，消费者有权向指定机关投诉其遭受的不公平待遇同时监管当局要保护消费者的合法知情权、个人信息，任何机构都不得利用自身优势地位擅自动用客户资产或者泄露客户信息监管当局也应制定相关规则以解决当投资出现损失时，损失由谁承担的问题，从而保证投资者的合理利益，使投资者了解"我为什么会损失"，这更有助于理性消费者的培育。

第三，加强法律体系建设是互联网金融正常运行的终极保障。依法治国是社会文明的体现。法律体系建设包括立法、执法和司法，互联网金融对这三方面都提出了很高的要求。当社会信用体系无法约束个人行为，消费者权益受损得不到相关制度保护时，则需要法律来维护各方的合法利益，使违法者得到应有的惩罚。同时，互联网金融中的投资、收益、担保等行为都存在法律风险，这些都需要良好的司法体系才能有效解决纠纷。只有深深根植法治理念的社会才能孕育健康的互联网金融

六、宏观层面的互联网金融监管——透明性监管

国际金融危机的教训之一是微观主体最优行为的加总，在宏观上不一定是最优的，即"宏微观"悖论。互联网金融普惠性特征决定参与者信息掌握和分析能力与传统金融机构存在很大差距，因此极易形成群体性行为，从而进一步加剧（区域）风险的爆发。互联网金融风险转化速度快，风险在不同的机构之间会相互转嫁和迁移，非金融风险可以快速转化成金融风险，同时又可能对区域社会稳定带来负面影响。互联网技术与传统金融业务融合程度的不断深入使得金融机构和非金融机构之间的界限趋于模糊，分业监管带来的监管重叠和监管真空问题不断凸显。因此对于互联网金融监管需要一个综合的、

宏观的监管框架。在构建互联网金融宏观综合的监管框架的同时，需要在监管方式上进行创新。因为此时监管当局所面对的风险转化速度和风险传染速度都是之前不曾遇到过的。

（一）信息科技的发展为宏观认清互联网金融运行全貌提供技术保障

大数据技术促进精细化的信息披露，有助于绘成互联网金融运行全景图。信息是金融的核心，信息是资产配置的基础。信息科技的发展解决了传统披露中的两个难题：决策前的逆向选择以及决策后的道德风险。在互联网金融中，大数据和云技术的广泛应用使得数据挖掘技术、中小企业信用评级技术快速发展，风险管理和风险定价效率显著提高，信息不对称程度显著降低。监管当局应运用先进的信息技术，准确得知每家互联网金融企业的交易对手，以及交易对手的交易对手，从而钩织互联网金融运行的全貌。

大数据使得个体的行为预测变得更加可能运用大数据技术，监管当局能够更清晰地掌握互联网金融运行的全貌，能够更清晰地了解互联网金融运行的网络结构，能够更预判性地发现互联网金融运行的脆弱点从而提前采取措施。总之，信息科技的发展有助于提高互联网金融运行的稳健程度，有助于整体把控互联网金融的运行风险，有助于低成本地获取微观运行信息，保证金融体系稳定。

（二）防止互联网金融产品的同质性及投资者的羊群行为

宏观监管工具需通过作用微观主体实现宏观金融稳定。互联网金融的"普惠性"决定了每一款新的创新产品都可能吸引无数消费者的购买欲望，而每一款金融创新产品的易复制性又会使得互联网金融企业之间形成恶性竞争而由于产品缺少差异性，该恶性竞争的形式大都是允诺高收益来吸引投资者。一旦承诺无法兑现，则"跑路""携款潜逃"不可避免，互联网金融便会成为集资诈骗的重灾区，互联网金融的发展就会呈现大起大落的态势。虽然投资者损失金额与整个金融体系相比占比不大，且互联网金融的"长尾市场"决定了投资者的投资额度与其财产收入相比占比相对较低，但由于互联网传播信息快、影响面广，同样也会对金融稳定产生负面影响，易出现群体性事件，并很可能将负面信息波及其他健康正常运行的互联网金融企业。因此监管当局加强对互联网金融企业的产品披露信息的审查验证，一旦发现产品同质性高，有产生恶性竞争的苗头就应提早进行干预。

互联网金融的区域性强使得在一定区域范围内，投资者往往会出现跟进投资行为，即"羊群行为"。这会使得特定范围内投资者暴露在同风险敞口之下，没有实现风险的空间分离。在存在一定刚性兑付承诺或者过度乐观预期的情况下，在特定区域范围内，互联网金融投资者发展极易出现羊群行为，造成互联网金融过热发展，广大投资者暴露在共同风险敞口之下。为了防止互联网金融局部发展过热，监管当局（包括地方政府）应对互联网金融投资者的投资额度（即风险敞口）进行限制，设立投资者门槛、比如规定投资者的年薪和资产下限，或者规定投资者投资的最高限度，或者规定产品销售额度等。这些规定有利于投资者规避投资风险。英国金融行为监管局规定无经验投资者的投资限额不超过其净资产的 10%，从而规定了消费者承受风险的最大限度，有助于提升互联网金融消费者的整体风险承担能力。

（三）防止金融风险与非金融风险之间的相互转化进而形成区域金融风险

互联网金融并没有改变金融的本质，但却改变了金融的运行方式。互联网金融风险的特殊性包括风险的快速转化性。虽然互联网金融并没有增添新的风险种类，但是非传统金融机构风险对于互联网金融的发展来讲，重要性显著提升，各类风险之间的相互交织将更为复杂，最终可能会导致系统性风险爆发，出现群体性事件，对区域社会稳定带来负面影响。因此在互联网金融监管宏观层面，应注重"非金融风险——金融风险——非金融风险"这样的风险转化链条，防止出现区域群体性事件，给当地经济发展带来负面影响。

（四）关注关联度引发的"负外部性"，构建互联网金融的"系统重要性"指标

互联网金融使得传统金融机构暴露在瓦联网金融的风险之下。以现实中的余额宝为例，8000 多万名投资者买一款余额宝产品，余额宝再把收集到的钱以协议存款的形式存入银行由于不同投资者的存取行为往往差别较大，因而在金融环境正常的条件下，余额宝很好地起到了分散风险的作用，然而，如果金融危机来临，假如某一家银行倒闭了，由于余额宝所有存款者都不知道自己的钱是存在这家银行还是其他银行，为了保险，所有存款者都要取出自己的钱，因而出现挤兑现象和流动性风险即其他银行的余额宝存的协议存款的钱也要被取出，这实质上是一家银行的风险通过余额宝转嫁到其他的银行身上即互联网金融增强了金融机构之间的风险传染性：因此对于传统金融机构的宏观审慎监管，也应将金融机构与互联网金融企业的关联度纳入监管框架，以保持金融体系的稳定。

国际金融危机爆发后，学术界和监管界对于"系统重要性"的认识从"Too big to fail"转向"Too connected to fail"，即金融机构的系统重要性本质上不是取决于其规模，而是取决于与其他金融企业和经济主体的关联度。这一理念同样适用于互联网金融企业，对于互联网金融企业的监管，也应提出"系统重要性互联网金融企业"这一概念，主要指标应是业务规模（代表互联网企业与金融消费者之间的关联度）、互联网金融企业之间

关联度以及互联网金融企业与传统金融机构之间的关联度（比如以陆金所为代表的大型金融机构推出的互联网服务平台）等。因此互联网金融监管中，宏观审慎监管角色不可或缺。

（五）宏观层面的创新性监管

互联网金融风险特征主要是风险类型的快速转化和风险的传染性加快，这就给金融体系的稳定带来了新的压力。以往金融系统性风险管理主要专注于商业银行和资本市场，通过对商业银行的审慎监管、对资本市场的政府干预就可以实现金融监管。但随着互联网金融的发展，大量游离于监管半径之外的金融企业成为市场中的主要玩家，互联网金融呈现出非常明显的影子银行特点，比如 P2P 平台与小额贷款公司的合作、P2P 平台与银行的合作、电商与银行的合作等经营模式，这些合作模式的创新，使得金融风险已不仅仅局限于银行体系，风险可以从电商金融直接传染至金融机构。且某一类型的风险极易转化为其他类型的风险因此，在面对互联网金融导致金融体系关联度增加这一现实问题时，金融监管当局应在宏观层面上更多地借鉴新兴的大数据技术，使用创新的、先进的技术方法，做到提前布局、精准判断，对那些关联度高的互联网金融企业，要进行现场监督检查，施加一些基于社会整体层面考虑的监管要求，在宏观审慎工具基础上创新监管工具，保证金融体系稳定运行。

参考文献

［1］王虎邦. 高质量发展下宏观杠杆率动态调整对经济增长的影响效应研究［M］. 长春：吉林大学出版社，2020.

［2］钱宗鑫. 宏观经济与金融市场互动研究［M］. 北京：中国财政经济出版社，2020.

［3］潘长风. 区域金融风险防范和化解探索［M］. 北京：经济管理出版社，2020.

［4］俞勇. 金融机构、金融风险与金融安全［M］. 北京：中国财政经济出版社，2020.

［5］毛振华. 双底线思维中国宏观经济政策的实践和探索［M］. 北京：中国人民大学出版社，2020.

［6］唐吉洪. 宏观经济与货币政策冲击对我国国债期限溢价影响［M］. 长春：吉林大学出版社，2020.

［7］吕风勇. 房地产与中国宏观经济历史与未来［M］. 广州：广东经济出版社，2019.

［8］全颖，郑策. 数字经济时代下金融科技信用风险防控研究［M］. 长春：吉林人民出版社，2019.

［9］霍再强，王少波. 区域金融风险 BFPI 指数方法与运用分析［M］. 北京：首都经济贸易大学出版社，2019.

［10］刘伟，苏剑. 中国经济与宏观调控［M］. 北京：中国经济出版社，2019.

［11］杨伟中. 我国金融业开放与风险防范研究［M］. 北京：经济管理出版社，2019.

［12］田国立. 经济金融焦点问题［M］. 中国发展出版社，2019.

［13］刘攀. 国际金融学第 3 版［M］. 东北财经大学出版社，2019.

［14］孙国峰. 金融科技时代的地方金融监管体系研究［M］. 北京：中国金融出版社，2019.

［15］温建宁. 宏观经济与金融风险预测及防范研究［M］. 上海：立信会计出版社，2018.

［16］任泽平，甘源. 新周期中国宏观经济理论与实战［M］. 北京：中信出版社，2018.

［17］李超. 宏观经济利率趋势与资产配置［M］. 北京：中国金融出版社，2018.

［18］王一鸣，陈昌盛. 高质量发展宏观经济形势展望与打好攻坚战［M］. 北京：中国发展出版社，2018.

［19］栾会燕. 企业财务危机与宏观金融风险［M］. 吉林出版集团，2018.

［20］宫晓琳.中国经济学优秀博士论文丛书量化分析中国宏观金融风险及其演变机制［M］.北京：商务印书馆，2018.

［21］郭娜.房价波动对系统性金融风险影响研究［M］.北京：中国金融出版社，2018.

［22］刘锡良，董青马.防范系统性和区域性金融风险研究［M］.北京：中国金融出版社，2018.

［23］苗文龙.中国金融周期与宏观经济政策效应［M］.北京：中国社会科学出版社，2018.

［24］陈守东，刘洋，孙彦林.系统性金融风险与金融稳定性计量研究［M］.北京：科学出版社，2018.

［25］卢建新.住房价格波动的时空特征传导机理与金融风险研究［M］.北京：中国社会科学出版社，2018.

［26］商瑾.金融风险及防范对策研究基于财政联结的角度［M］.北京：中国财政经济出版社，2018.

［27］辛波，宋杰.土地财政与土地金融系统性风险研究［M］.北京：经济管理出版社，2018.

［28］郭峥嵘,郭易如.真实的中国地方政府投融资平台精益变道、金融创新、风险控制[M].北京：经济管理出版社，2018.

［29］徐梅.中国居民家庭金融资产结构风险与经济周期波动的协动性关系研究[M].北京:经济科学出版社，2018.

［30］张炳辉，耿传辉.金融安全概论［M］.北京：中国金融出版社，2018.

［31］惠平，冯乾.银行行为风险管控［M］.北京：中国金融出版社，2018.

［32］卢祖送.金融危机和金融监管［M］.北京：经济日报出版社，2018.